全国『安全生产月』职工安全教育推荐读物！

员工不安全行为的自我识别与防范

贾文耀 ◎ 编著

人民日报出版社

图书在版编目（CIP）数据

员工不安全行为的自我识别与防范 / 贾文耀编著.
--北京：人民日报出版社，2018.2
ISBN 978-7-5115-5222-8

Ⅰ.①员… Ⅱ.①贾… Ⅲ.①安全教育－安全培训－教材
Ⅳ.①X956

中国版本图书馆 CIP 数据核字（2018）第 002928 号

书　　名	员工不安全行为的自我识别与防范
作　　者	贾文耀
出 版 人	董　伟
责任编辑	刘天一
封面设计	陈国风
出版发行	人民日报出版社
地　　址	北京金台西路2号
邮政编码	100733
发行热线	（010）65369527　65369846　65369509　65369510
邮购热线	（010）65369530　65363527
编辑热线	（010）65369844
网　　址	www.peopledailypress.com
经　　销	新华书店
印　　刷	北京德富泰印务有限公司
开　　本	710mm×1000mm　1/16
字　　数	215 千字
印　　张	14.25
印　　次	2018 年 5 月第 1 版　2018 年 5 月第 1 次印刷
书　　号	ISBN 978-7-5115-5222-8
定　　价	45.80 元

前言
Preface

　　安全大于天，没有安全就没有一切，这是谁都明白的道理。但是究竟该如何去保障安全，我们却并不完全明白。其实，安全事故之所以会发生，基于两个最直接的原因：人的不安全行为和物的不安全状态。当人的不安全行为和物的不安全状态在一定时空发生交叉时，就形成了安全事故的触发点，即人的不安全行为和物的不安全状态共同发生作用，会直接导致安全事故发生。可见，安全既需要人的安全行为，也需要物的安全状态才能保证。而物的不安全状态大多数是由于人的不安全行为造成的，是人的操作失误或是管理缺陷导致的，因而人的安全行为在安全生产中起着决定性的作用。也就是说，安全最根本的保证还在于人。所以，抓安全最为重要的是管理好人的行为，全面防范和杜绝人的不安全行为，保证人的行为安全，从而保证一切安全。

　　那么，什么是人的不安全行为？

　　不安全行为是人表现出来的，与人的心理特征相违背的非正常行为，而且这些非正常的行为会造成人身伤亡或财物损失等，包括引起事故发生的不安全动作、不安全操作、不安全指挥等行为，也包括应该按照安全规程去做而没有去做的行为，当然也包括违反劳动纪律、操作程序和方法等具有危险性的做法。所以严格来说，一切不安全的、会引发危险后果的行为，都是不安全的行为。

　　很显然，要防范和杜绝人的不安全行为，仅仅靠企业的制度、规定、监督和惩罚，是远远不够的。这些都是"要我安全"，是被动安全，只有员工自觉主动地防范和杜绝不安全的行为，从心底认识到安全的重要性，达到"我要安全"的境界，才是主动安全，才能真正激发内驱力，全面杜绝不安全的行为。所以员工对不安全行为的自我识别和防范极为重要。本书从不安全行为心态识别开始，详细列举了违章指挥、违章作业、违反劳动纪律、冒险蛮干、岗位不安全行为等日常工作不安全行为识别和防范的方法，以便于员工查阅和参考，识别和防范自己的不安全行为，自觉纠正并养成良好的行为习惯，让安全常伴身边。

目录
Contents

第一章 安全在于行为,行为决定安全

安全行为是安全的基础,也是安全的保证。研究表明,96%的安全事故是由不安全行为造成的,只有4%是由不安全的环境条件造成的。所以一切行为都必须建立在安全之上。

1. 人和物:安全的两大重要支点 / 002
2. 人的不安全行为是安全最大的隐患 / 005
3. 提高安全意识,规范自身行为 / 009
4. 抛弃不正确的安全观念 / 014
5. 一举一动都以安全为准绳 / 017
6. 认识不安全行为的主要类型 / 020

第二章 识别不安全心态,从源头上消除不安全行为

从表面上来看,事故的发生全是由不安全的行为导致的,但如果从深处剖析,就能明白,不安全的行为其实来自不安全的心态,不安全心态才是不安全的真正源头。因此,要消除不安全的行为,首先要消除不安全的心态,包括糟糕的情绪、自以为是的想法,还有大意、粗心、侥幸、蛮干等心理。

1. 调整情绪，坏情绪会成为不安全行为的温床 / 026
2. 警惕麻痹大意，思想一麻痹，行为就出错 / 030
3. 杜绝侥幸心理，心怀侥幸只会不幸 / 032
4. 别怕麻烦，图省事反而更惹事 / 034
5. 盲目逞能，自取其害 / 036
6. 安全在自己，从众不可取 / 038
7. 人际关系不和谐也会导致不安全行为 / 040

第三章 识别违章指挥，杜绝危害最大的不安全行为

要安全就不能有违章，有违章就不会有安全。而违章行为中危害最大的就是违章指挥行为。因为违章指挥极易造成群死群伤事故，违章指挥等于杀人！因此，对违章指挥行为要重点识别，坚决杜绝。

1. 违章指挥就是杀人 / 046
2. 违章指挥行为的识别 / 049
3. 防范违章指挥从分析深层原因开始 / 052
4. 人人监督，共同抵制违章指挥 / 055
5. 纠正典型违章指挥行为 / 060

第四章 识别违章作业，改掉不安全的行为习惯

"违章作业就是自杀"，不是夸大其辞，也不是危言耸听，是从血淋淋的教训中总结出来的警示。珍惜生命，确保平安，就必须坚决改掉不安全的行为习惯，远离违章作业。

1. 违章作业就是自杀，事故教训触目惊心 / 064
2. 严守操作规程，培养标准化作业行为 / 066

3. 避免经验主义，减少误操作发生 / 070
4. 采矿行业习惯性违章行为识别 / 074
5. 电力行业习惯性违章行为对照及纠正 / 091
6. 施工行业习惯性违章行为自检和防范 / 098
7. 石化行业习惯性违章行为自查 / 104
8. 起重作业习惯性违章行为自我识别 / 107
9. 管理层习惯性违章行为自查自检 / 114
10. 典型违章作业行为的防范和纠正 / 117

第五章 识别违反劳动纪律行为，从自我行为上保证"三不伤害"

劳动纪律是我们在作业中安全的"守护神"，只要我们从心底里认定并遵守劳动纪律，严格遵守规章制度，做好相关防护，谨慎工作，把"三不伤害"原则植入心底，才能让不安全远离我们。

1. 劳动纪律是安全的保护伞 / 126
2. 自防自护是避免伤害事故的关键 / 131
3. 严守"三不伤害"原则，遵守劳动纪律 / 133
4. 劳动防护用品规范穿戴 / 136
5. 做好职业防护，保护自己不受伤害 / 139
6. 违反劳动纪律行为的防范和纠正 / 143

第六章 识别冒险蛮干行为，堵上行为安全的缺口

冒险蛮干，是很多大胆员工的行为，但就其本质来说，冒险就是拿生命开玩笑，就是对自己的安全不负责任！冒险蛮干只会给自己、同事、企业带来损害和麻烦。识别冒险行为，防范蛮干冲动，堵上安全缺口，以"安全第一"来自我约束才是真正的好员工。

1. 冒险本身就是一种特别危险的行为 / 148
2. 疲劳工作也是一种冒险 / 150
3. 危险作业缺少监护更加危险 / 152
4. 安全确认必须严格执行 / 155
5. 坚决制止冒险行为，及时纠正冒险作业 / 157

第七章 识别岗位不安全行为，全面防范生产事故

对于员工来说，岗位安全至关重要。掌握岗位安全技能，守好自己的岗位，全面杜绝岗位不安全行为，保证自己的岗位安全，也就保证了自己的生产安全。

1. 安全生产事故类型与严重程度识别 / 164
2. 重视事故征兆和苗头的识别与防范 / 165
3. 制订机械操作安全标准，防范机械伤害事故 / 170
4. 识别不安全用电行为，预防触电事故 / 172
5. 识别施工不安全行为，警惕物体打击和高处坠落事故 / 174
6. 识别消防不安全行为，防范火灾事故 / 178
7. 危险品安全识别，杜绝爆炸事故 / 180
8. 矿山施工安全行为识别，防范坍塌及冒顶事故 / 182
9. 坚守特殊作业规范，严防中毒窒息和起重伤害事故 / 186

第八章 规范日常安全行为，自觉杜绝一切不安全行为

除了工作岗位上的不安全需要防范，日常生活中的不安全行为同样会给我们带来意想不到的危险，同样需要坚决抵制，全面防范。生活中要一切以安全为准绳，一切以安全为前提，自觉杜绝一切不安全的行为，保障安全。

1. 重视生活安全，防范意外伤害 / 192
2. 关注公共安全，公共场所提高自我警惕 / 194
3. 遵守交通规则，不乱闯红灯 / 197
4. 出门在外多留心，防范"盗、抢、骗" / 200
5. 警惕生活细节，玩手机也会出危险 / 205
6. 严禁乱扔烟头，重视用火安全 / 207
7. 掌握自救方法，关键时刻可逃生 / 210
8. 学点防身技巧，时刻保护自己 / 214
9. 消除常见细节的安全隐患 / 216

第一章

安全在于行为,行为决定安全

安全行为是安全的基础,也是安全的保证。研究表明,96%的安全事故是由不安全行为造成的,只有4%是由不安全的环境条件造成的。所以一切行为都必须建立在安全之上。

员工不安全行为的自我识别与防范

1. 人和物：安全的两大重要支点

安全事故之所以会发生，基于两个最直接的原因：人的不安全行为和物的不安全状态。人的不安全意识与不安全行为导致安全缺失，物的不安全状态与错位，导致重大安全隐患。实践证明，当人的不安全行为和物的不安全状态在一定时空发生交叉时，就形成了安全事故的触发点，即人的不安全行为和物的不安全状态共同发生作用，会直接导致安全事故发生。从另一个角度来说，人的安全行为和物的安全状态，也就形成了安全的两个至关重要的支点。任何安全保障都需要以人的行为安全与物的安全状态为前提，二者缺一不可。也就是说，只要人的行为安全，物的状态安全，那么，一切就是安全的。反之，如果人的不安全行为或是物的不安全状态一直存在，那么事故终究会发生。

不安全的行为是导致事故的罪魁祸首，许多事故的发生都是由员工违章、违纪操作导致的。违章作业是安全生产的大敌，十起事故，九起违章。

某纺织厂职工朱某与同事一起操作滚筒烘干机进行烘干作业。朱某在向烘干机放料时，被旋转的联轴节挂住裤脚口摔倒在地。旁边的同事听到呼救声后，马上关闭电源，使设备停转，才使朱某脱险。但朱某腿部已严重擦伤。引起该事故的主要原因是烘干机马达和传动装置的防护罩在上一班检修作业后没有及时罩上。

某注塑厂职工江某正在进行废料粉碎。塑料粉碎机的入料口是非常危险的部位，按规定，在作业中必须使用木棒将原料塞入料口，严禁用手直接填塞原料，但江某用了一会儿木棒后嫌麻

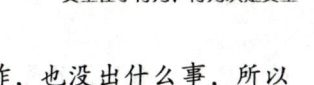

烦，就用手去塞料。以前他多次用手操作，也没出什么事，所以他觉得用不用木棒无所谓。但这次他的右手突然被卷入粉碎机的入料口，造成伤残。

人的不安全行为，所表现的是与人的心理特征相违背的非正常行为。凡是人的不安全行为都有可能导致安全事故的发生。人的不安全行为包括不佩戴防护用品、不按安全规范操作、缺乏安全防护意识等。

不安全行为包括造成人身伤亡事故的人为错误，引起事故发生的不安全动作，也包括应该按照安全规程去做，而没有去做的行为。不安全行为反映了事故发生的人方面的原因。不安全行为主要表现在没有排除故障的情况下操作，没有做好防护和提出警告；操作错误，忽视安全；使用不安全的设备或不安全地使用设备，造成安装失效；处于不安全的位置或不安全的操作姿势；用手代替工具操作；在有危险的设备上工作；冒险进入危险场所等。这些行为也都可以统称为"三违"行为——违章指挥、违章作业、违犯劳动纪律。

要想安全，就要调整人的行为方式，培养良好的行为习惯，坚决杜绝"三违"行为，保证行为安全，才会有真正的安全。

某公司承包商管工6人在安装地管。10点20分左右，6人将一段地管放入刚开挖好的管沟内（地管沟深2.92米，宽1.7米，管子为直径200毫米钢骨架塑料管），此后，队长赵某安排陈某、张某两人下到地管沟安装接管，刘某和张某在上面监护。

10点40分左右，陈某、张某两人下到管沟，陈某开始打磨管口，张某站在旁边协助（站在塌方沟壁前）。10点45分左右，东侧管沟壁突然塌方，张某被掩埋在下面，陈某因靠前仅左腿被压，后拔腿跑出。刘某看见塌方后，急忙赶去刨土救人，大约一分钟后，刘某刨出张某头部，发现张某身体被一石块挤压并掩埋，就和旁边施工的人员喊来不远处的挖掘机前来挖土救人。11点5分左右，张某被挖出，经人工呼吸急救无效死亡。

这次事故的直接原因是管沟边违规堆放施工材料，对管沟壁造成挤压,刚开挖的管沟边上的土状态不稳,松软易滑落坍塌。同时也因为施工时未按安全规范操作,"未放坡、未支护、未验收、未交接"。负责管沟开挖的承包商沿南北向横穿马路开挖,形成一完整的地管沟,但没有按施工方案要求采取放坡、支护等防护措施,也没有通知施工员检查验收,而是直接口头通知地管施工单位现场施工负责人交接,给下道工序留下事故隐患,导致塌方。

这是一起典型的因为新开挖的渣土的不安全状态导致的安全事故,因为边沟上是新挖的土方,状态不稳,又未做支护,事故也就不可避免。

在安全生产中,物的不安全状态包括:

①物本身存在的缺陷;

②防护保险方面的缺陷;

③物的放置方法的缺陷;

④作业环境场所的缺陷;

⑤外部的和自然界的不安全状态;

⑥作业方法导致的物的不安全状态。

⑦保护器具信号、标志和个体防护用品的缺陷。

要想保证安全,在生产工作中,就要特别重视物的这些不安全状态,并且及时改善物的状态,消防不安全的隐患,使其从不安全的状态恢复到安全的状态,从而保证安全。

人和物,是安全的两大重要前提和支撑点,两者缺一不可。人的安全行为和物的安全状态是相辅相成、互为补充的关系。

2. 人的不安全行为是安全最大的隐患

安全,既需要人的安全行为,也需要物的安全状态才能保证。这是安全最重要的两个支撑点。而物的不安全状态大多数是由于人的不安全行为造成的,是人的操作失误或是管理缺陷导致的,所以人的安全行为在安全生产中起着决定性的作用。在日常工作中更容易发现这一规律。

某企业铸二车间制芯员工安某,在明知设备上挂有安全警示牌,安全门处于打开状态的情况下,违章关闭安全门,导致另一位同事以为门内没有人,于是开动射芯机,造成机器内的另一名同事肢体残废的重大伤害。

某厂检修人员为更换输煤皮带,打开吊砣间的起吊孔(标高25米),仅用一条尼龙绳作为简易围栏。1月17日上午,工作负责人于某带领岳某等人到达吊砣间,进行疏通落煤筒工作,虽发现起吊孔未设围栏,但未采取防护措施,便开始作业。一工作人员用大锤砸落煤筒,岳某为躲避大锤后退时,从起吊孔坠落,经抢救无效死亡。

从这两起事故可以明显看到,事故的发生表面上来看是由于物的不安全状态导致的,但物的状态之所以会不安全,深层的原因正是人的不安全行为。第一个案例中,安全门之所以在有人的状态下会呈现关闭的"假安全"状态,并非安全门自己关上了,而是因为安某违章关闭了安全门,从而造成了安全门的不安全状态,最终引发事故。第二个案例更是如此,检修人员打开起吊孔,未设安全可靠的刚性临时围栏;虽然用尼龙绳设简易围栏,但过于松动,垂落在地,起不到任何防护作用。工作负责人带领作业人员到达现场，虽发现临时围栏起不到任何防护作用，但并未要求检修人员设置可靠的刚性临时围栏，也未采取其他防护措施，盲目组织开工，最终导致惨剧发生。

在同样的作业环境下，使用同样的设备、工具、保护装置和安全设施，有的操作人员就很少或不出事故，而有的操作人员却事故频发。这就是不同人的不同行为模式导致的不同后果。

某钢铁股份有限公司炼钢厂连铸车间一名浇钢工沈某，准备烘烤"中间包"（钢水浇铸的一种容器，外壳是金属，内侧是耐火材料。耐火材料砌筑后，需要用火烘烤，干燥后才能够使用）。烘烤"中间包"的烧嘴采用转炉煤气作为燃烧介质。为了防止烘烤器烧嘴火焰熄灭、煤气外溢，在烧嘴中心有一根"常明火"钢管（直径25毫米），"中间包"不烘烤时也一直在燃烧。事故发生当天上午，"常明火"已经熄灭，但是无人发现，也未关闭阀门，"常明火"管道一直向外泄漏煤气。因转炉煤气无色无味、一氧化碳含量高，沈某在"中间包"烘烤区域作业时发生煤气中毒，送医院抢救无效死亡。

事故的直接原因，有物的不安全状态，也有人的不安全行为。物的不安全状态主要是"中间包"烘烤器在设计上存在缺陷。作为点火措施的"常明火"，没有设计火焰熄火检测和煤气快速自动切断装置，"常明火"熄灭后反而成了危险源。当初"常明火"采用焦炉煤气时，配有压缩空气，火焰较长。改用转炉煤气后，因为热值低，一给压缩空气就熄灭，不加压缩空气，火焰短，也容易熄灭。"中间包"烘烤区域尽管安装了煤气报警器，但是位置在管道上，主要检测管道阀门漏气，对"常明火"烧嘴的泄漏不能及时检测。漏气也不容易发现，导致中毒事故发生。

但同时，员工沈某的违章行为也是导致事故的原因之一。浇钢工沈某安全意识不强，对转炉煤气的危险性认识不足。到现场作业未佩带便携式一氧化碳报警器，也未检查"常明火"是否熄灭。如果沈某安全意识再提高一些，严格按照安全规范操作，保证自己的行为规范安全，那么，即使有"中间包设计不合理"这一物的不安全状态存在，也会因为自己的安全行为及早发现这一缺陷，避免事故的发生。

人的不安全行为，是安全最大的隐患。人的不安全行为和物的不安全状态、事故、伤害，它们就像多米诺骨牌，只要其中一个倒下，就会顺次倒下，最终造成伤害。如果我们控制住人的不安全行为和物的不安全状态，那么事故就不会发生。

按行为的主体来分类，人的不安全行为可以划分为组织的不安全行为和个体的不安全行为。组织的不安全行为指的是在组织的经营宗旨、政策、措施等经营战略中没有把安全放在应有的位置上，没有制订或者没有完善安全生产的规划和措施，在具体的经营过程中，忽视安全管理，给安全生产带来不良影响的现象。比如一些企业和单位只注重经济效益，忽视安全投入，认为安全投入是没有回报的投入，没有建立和完善安全生产的规章制度，对事故隐患没有及时进行整改。

个体的不安全行为指的是个体从事的导致事故或不良影响的行为。具体表现为违反规章制度，违反操作规程，违反劳动纪律等。个体的不安全行为不仅受人的思想、动机的支配，而且受政治、经济、社会、家庭环境的影响，同时又与行为人的工作经验、技术水平、安全素质、身体条件等有关，有一定的随机性和偶然性，表现出明显的个性特征。由于安全操作总是由个体完成的，因而个体的不安全行为又是人的不安全行为的主要方面。

导致不安全行为的原因是多方面的，有人自身对过负荷的不适应，如超体能、精神状态、熟练程度、疲劳、疾病时的超负荷操作，以及环境超负荷，心理超负荷，人际立场超负荷等都能使人发生操作失误。也有与外界刺激要求不一致时，出现要求与行为的偏差的原因，在这种情况下，可能出现信息处理故障和决策错误。此外，还由于对正确的方法了解不清，而采取不恰当的行为等，或出现完全错误的行为。

人的能力指的是感觉、注意、记忆、思维和行为能力等的综合信息处理的能力。人的能力直接影响活动效率，具有使活动顺利完成的个性心理特征。人的能力随其自身的硬件、心理、软件的状态变化而改变。人机系统中的一切因素，都能从不同的方面对人产生影响，使人出现失误，导致不安全行为。

心理因素也会导致不安全行为产生。人的个性心理特征，不会完全相同。人的性格是个性心理的核心，因此，性格能决定人对某种情况的态度和行为。鲁莽、草率、懒惰等性格，往往成为产生不安全行为的原因。不安全行为的心理因素大致分以下九种。

①马虎心理：工作时精力不集中，心不在焉地投入具有危险性的工作中。

②侥幸心理：不按操作规程作业，走捷径，违反事物的运行规律。

③自满心理：对每天做同一种工作有种厌烦情绪，自认为对操作规程熟悉，做事不认真，犯经验主义错误。

④浮躁心理：由于其他外界因素的影响，心理处于不稳定状态，做工作时心情处于很糟糕的状态。

⑤投机心理：不相信科学，在工作上耍小聪明，尤其是擅自减少固定工序。

⑥逆反心理：领导越是强调的事情越不遵守，认为强调的都是多余的，安全事故离自己很远。这方面往往与领导的管理方法有直接关系。

⑦莽撞心理：鲁莽行事，做事情不计后果，图一时开心或者抓短时间内的产量。

⑧盲从心理：什么事都跟着别人效仿，自己不动脑筋，也不管对错，反正错的人在前面，与自己无关。

⑨紧张心理：饮酒、疲劳等生理因素，不安、焦虑等心理因素，温度、噪声等物理因素，以及技能、经验等，都能使人的心理紧张度改变，表现为人失误数量的变化。操作不熟练、缺乏经验的人，其心理紧张度要比操作熟练、经验丰富的人高。经常进行教育、训练，合理安排工作，消除心理紧张因素，有效控制心理紧张的外部原因，使人保持最优的心理紧张度，对消除人失误现象十分重要。

这些会导致不安全行为的心理因素都是安全的重大隐患，每一种不安全行为的心理因素都有可能导致不安全的行为发生，导致不安全的后果。因而，要保证安全就要及时发现和识别这些不安全因素，彻底清除对安全不利的行为。

3. 提高安全意识，规范自身行为

意识决定行为，行为决定安全。故而安全行为的前提，是有较高的安全意识，任何时候都以安全为准绳，以安全为原则，一切行为都要以安全为前提，时刻保持高度的安全自觉性和安全警觉性，任何时候都要求员工具有安全意识。

什么是安全意识？

安全意识是人们从各种安全宣传教育中所获取的安全知识和从各种事故安全中所得到的教训，两者融为一体，并在人们脑海里形成的安全概念、想法和思路。其形式包括自我观察、自我评价、自我体验、自我监督、自我教育、自我支配和自我控制等，从而形成自觉能动性的行为表现方式，这种行为表现方式就是安全意识的展现。

安全意识强的表现为：遵纪守法，做事认真，按章作业，精力集中，事事想到安全第一，对事故隐患有一定的预见性等。安全意识差的表现为：思想麻痹，工作马虎，侥幸心理，怕麻烦，图省事，法制观念淡薄，纪律松弛，冒险作业，违章蛮干，对事故隐患无动于衷等。

有一个人准备买车，也许是他长期从事数理分析的缘故，在发生日系汽车大批量召回事件以后，他搜集了一大堆欧美和日本汽车安全性能检测指标的数据，来征求安全专家的意见。没想到安全专家的回答让他大吃一惊：这些数据对你完全没有意义！他瞪大眼睛看着安全专家：难道人命关天的安全不重要？！安全专家告诉他，只要是正规厂家生产销售的汽车，都是经过国家检验，达到基本安全标准的。美国人早就出过一本书叫《任何速度都不安全》，我们也可以说，任何车辆都不安全。你调查一下，全国有多少人不系安全带？有多少人喝了酒还坚持开车？又有多少人见前面没有车，不管三七二十一就踩油门？太多了！如果你也是其中的一个，那么，有多少气囊才能管用呢？

这就是安全意识问题。有安全意识就是不管做什么事情，首先要考虑到安全问题，做这件事情有什么危险、危害因素，容易发生什么样的安全事故，事先应该采取怎样的应急和防范措施才能避免发生事故。意识指导行为，行为是意识的表现。一个人的安全行为反映出一个人的安全意识，一个人的安全意识决定一个人的安全行为。

某钢铁公司中型轧钢厂的加热炉，原来使用重油做原料，设有地下油池，容量为1600吨，后来因重油供应不足，改为原油做原料。为了缩短油罐列车的卸车时间，公司决定将原来30千瓦普通油泵改为75千瓦深井泵。在对地下油池改造之前，一日上午，公司消防队队长赵某到该厂地下油池现场查看，之后对消防员刘某提出4条意见：①灯要换成防爆灯；②池顶上的电器设备要搬下来；③取油样化验；④向公司写报告，批准后再报。消防员刘某随即找到主管安全和改造工程的副厂长汇报。杜某和梁某两位副厂长对消防队长的意见均未加考虑。当天下午，杜某擅自批准机修人员在油池上焊吊泵体的钢架子。次日杜某请假回家，安泵工作由附近盖小房（为油池顶上搬下来的电器设备用）的冯某负责。这天上午，由于油池内原油基本抽空，虽然大量动用明火，但未发生事故。下午13时15分，油库进了12节油车开始卸油，冯某作业时仍未采取防护措施，施工人员继续动用明火，14时35分引起爆炸。这场事故共造成24人死亡，2人重伤，21人轻伤，直接经济损失22万多元。

这是一起由于严重违章而造成的事故。施工人员缺乏安全意识，冒险蛮干，从火车油罐里向地下油池中卸原油的同时，在油池顶部动用电气焊明火作业，最终酿成了大祸。可见，安全意识对企业来说，关系到企业的发展；对于个人和家庭来说，关系到生命的延续，关系到家庭的美满幸福。

安全意识和安全行为有着极为密切的关系，员工安全意识不断提高，安全行为水平也会得到提升。反之，也是如此。员工安全必须首先具备安全意识，安全靠意识指导，而意识是组成行为发生的基本条件，所以提高员工的安全意识是保证自己安全的第一步。

安全意识，就是把安全放在第一位的意识，就是时刻以安全为准绳，以安全为前提的意识。这就要求我们不管做什么事情，首先要考虑到安全问题，做这件事情有什么危险，容易发生什么样的安全事故，事先应该采取怎样的应急和防范措施才能避免发生这些事故。

例如，上下班路上，要时刻注意道路安全问题；要懂得主要危险因素是撞伤、跌伤、摔伤，最容易发生的事故是车辆伤害。那么自己的行为也就要从这方面来规范。上下班时要做好必要的防护，留足在路上需要的时间。有了这样的意识，我们就会提前出发，选择最安全的路径，不至于慌慌张张；乘车上下班就会严格遵守交通规则，只走人行道，不闯红灯，排队上车，防范踩踏事故；骑摩托车上下班也会做到证照齐全，戴好头盔、护膝等防护用品，防止交通事故的发生；骑自行车上下班也一定会遵守交通规则、不挤不抢、注意避让行人等。

在企业中，规范日常行为标准是员工确保安全的基础。要使安全行为成为潜意识行为，成为习惯性行为，关键是要通过学习，全面提高修养，充分认识安全的重要性，真正领悟生命的价值，发自内心地珍爱生命，让安全意识在头脑里扎根，从而促进员工安全行为的养成。

安全意识的养成，是从"要我安全"到"我要安全"的转变，只有这样员工才会主动提升安全意识，重视安全行为。

当然，"想安全"重要，"会安全"同样重要。在实际工作中，员工要认真开展安全规程、安全技能、安全知识的学习。只有通过学习、积累、提高安全认识，安全活动的积极性能动性才会被释放、激发。而且通过学习过程中的感觉、知觉，使表象不断上升为概念、判断、推理，并运用逻辑的、理智化的思维活动，将安全意识形成系统化、体系化、高度自觉化的理论体系和思想。这就是安全的理性意识。安全理性意识的形成不仅能使员工适应安全生产的需要，还能反映安全生产的本质特征和规律，能超前反映安全生产的未来发展趋势。这种安全理性意识能积极有效地指导人们的行为活动方向，为避免事故和差错奠定良好的心理预控，从而规范自己的行为，并有效地杜绝和消除不安全的行为。

一般来说，人的不安全行为主要表现为以下几种。

①不遵守安全操作规程，违章作业。如攀、坐不安全位置，直接用手代替工具操作，在机械运转时进行加油、检修、清扫等。

②技术水平、身体状况不符合岗位要求的人员上岗作业。

③对习惯性违章操作不以为然，对隐患的存在抱有侥幸心理。如高空作业不系安全带，电焊作业不穿绝缘鞋，高速旋转作业不戴防护镜，金属切削作业戴手套，有毒、有害作业不戴防毒面具等。

④对报警声、故障指示灯麻痹大意，忽视、误解安全信号。

⑤缺乏基本的安全技能，如急救基本知识、消防器材的正确使用、火灾逃生自救等。

⑥不正确佩戴个人安全防护用品，甚至放弃不用。如不按要求佩戴安全帽，高处作业不系安全带，在产生尘、毒的车间不佩戴防尘防毒面具等。

要不断强化自己的安全意识，才能彻底杜绝这些不安全的行为。要坚持做到以下"五不"，切实消除不安全行为，规范安全行为。

①不能做事后诸葛亮。安全不是靠事后总结就可以实现的，首先得在心理上认识到保证安全的重要性，具备安全认识、安全措施、安全技术，达到保证安全的条件一个不少，才能杜绝事故的发生。因此，不能做事后诸葛亮，不能等事故发生了才总结，才认识到安全的重要性，而要在日常工作中将安全的各项条件保障到位，让安全行为成为习惯性动作。

②不能好了伤疤忘了痛。有些企业和个人对安全的认识只停留在事故发生阶段，事后就万事大吉，像是什么事也没发生，不安全的动作不改进，不规范的技术不提升，不安全的意识不丢弃，不安全的隐患不整改，一切不安全的因素照旧存在，事故的发生丝毫没有对其产生任何影响，属于典型的"麻痹"思想，殊不知事故的发生正起源于对安全的"麻痹"。

③不能存在侥幸心理。有些违章者属于明知故犯，不负责任，他们很

清楚自己的行为是违章的，但见别人这样做没有发生事故，自己以前这样做也没有发生事故，就认为以后也坚决不会发生事故，以侥幸心理对待各项操作，想当然地凭自己的经验去盲目蛮干，最终导致事故的不可避免。在工作中，要保证安全，就必须剔除侥幸心理，做到不安全的速度坚决不要，不安全的效益坚决不拿，保安全的经费坚决不少，保安全的意识坚决不松懈。

④不能欺上瞒下。有些作业现场安全管理不严，责任制没有落实，规章制度不健全，隐患丛生，但其负责人却不积极主动汇报，存在迁就下级，迁就员工，隐瞒上司的现象，工作任务和安全注意事项不具体，总结汇报只讲成绩，不讲问题，未反映单位存在的实际问题，导致隐患越积越多、越拖越久，最后是"牵一发而动全身"，一旦发生一点错误就全盘皆输，酿成重大事故。

⑤不能胆大妄为。有些企业尽管安全措施完善，安全管理严格，也认识到了安全事故的危害性，但还是隐患丛生、事故不断，其根本原因就是胆子太大，缺乏谨慎、细致、耐心的"胆小"心态，没有摸清工作条件是否符合安全生产要求，抱着绝对不会发生事故的心态，带着"赌博心理"进行"冒险作业"，殊不知事故的发生往往在不经意间。"冒险作业"几乎就等同惨痛悲剧。

人的不安全行为是所有事故的根源，也是最大的不安全因素。因为人的不安全行为会在任何时候、任何情况下发生，所以，我们一定要有高度的安全意识，时刻把安全放在第一位，并且以安全为一切行为的基本前提和标准，并在此基础之上，控制自己的情绪，熟练掌握安全技术，严格遵守规章制度，识别并杜绝不安全的行为，从而远离安全事故，确保自身及身边人的安全。

4. 抛弃不正确的安全观念

安全建设，观念先行。没有正确的安全观念，当然很难有正确的安全行为。不能改变安全工作中的不正确观念，也就无法解决安全工作中的问题。观念正确，事半功倍；观念错误，事故频发！所以，一定要有正确的安全观念才行。

不过，不同的人有不同的安全观念，有的人认为安全不重要，被那么多的安全规定束缚住很不舒服，自己想怎么做就怎么做才自由自在；有的人认为，事故都是因为倒霉，并不是因为违章，偶尔违章有什么了不起？哪有那么倒霉，我违章就会出事故呢？还有的人则时时刻刻把安全看得最重要，处处都不违背规章。

一天中午，某矿掘进二队老周和工友们入井来到碛头，班长安排老周和小吴、小张负责打眼放炮，其余人则准备所需车辆。分工完毕后，小张对老周说："我们还是先保障安全，把锚杆打到碛头了再打眼，这样施工才稳妥。"老周却不以为然："没事儿，你看顶、帮都好好的，我拿撬棍处理下就行了。"说完，老周就开动风锤忙了起来。谁知刚干一会儿，就发生了事故，老周大腿腿骨断折、破裂，小腿腿骨一处粉碎性骨折。老周是班里的技术骨干，工作经验非常丰富，但因为没把安全当回事，违章作业，遭遇了事故。

某电厂因煤粉爆燃引起生产火灾，造成一死、二重伤、四轻伤的事故，就是作业人员安全观念淡薄，不遵守劳动纪律，不按安全规程操作导致的恶果。当时，在煤粉仓放粉前，虽然上班的员工上下相互打了招呼，但开始干活后互不理睬，各干各的，下部明知上部要放煤粉，却继续进行电火焊，上部明知下部在焊接，也没等下部干完再放煤粉，都把安全当儿戏，认为无所谓，无组织无纪律，安全事故当然无法避免。

安全不出事则已，一出事就是大事。安全是有代价、有付出、有成本的，正确的安全观念无疑是安全最有效的屏障。所以要有正确的安全观念才行，那些不正确的安全观念要尽早抛弃。

常见的不正确安全观念有：

①"生死由命，富贵在天"，传统的听天由命观念。

②"经济增长第一"，以经济效益为唯一目标的发展观。

③事故"实践才出真知"的观点。

④用革命精神应对风险的观点。

⑤"要钱不要命"财产权优先的观点。

⑥"见义勇为"而非"见义智为"的传统观念。

⑦求神保佑、信奉宿命、听天由命、只图吉利、讳言不吉的思想观念。

⑧"死了怕什么，二十年后又是条好汉"。

企业管理者中不正确的安全观念有：

①领导违章特殊论。

②高危行业风险"必高"论。

③经济高速发展事故"必高"论。

④事故责任追究"命运观"，无追究是福气，被追究是晦气。

⑤事故必然论，发生是必然的，不发生是偶然的，碰上是运气使然。

⑥安全是负担，是无效益的成本。

⑦安全投入是软成本的认识论。

⑧"预防成本高""事故成本低"的成本观。

⑨"死得起，伤不起，事故发生得起"的观点。

⑩大干快上，提前竣工。

⑪赶时间、赶进度，提前超量完成生产任务。

企业员工不正确的安全观念有：

①工伤光荣论。
②违章英雄论。
③事故难免论。
④习惯难改论。
⑤预防遥远论。
⑥规章应付论。
⑦护品无用论。
⑧违章不一定有事故。
⑨安全是做给领导看的。
⑩安全就是应付检查的。
⑪事故决定于运气。
⑫反正有工伤保险，事故伤害无所谓。
⑬安全生产是领导的责任，与己无关。
⑭安全复训"厌学情绪"。

这些不正确的观念都是很危险的。要消除这些不正确的安全观念，树立正确的安全观念，关键是做好自我调节。

自我调节就是通过有意识地自我控制，从而做到自觉遵守安全操作规程和劳动纪律，保证安全生产。就心理学而言，人的精神状态的高潮期或低潮期都属于情绪不稳定时期，最容易发生差错或失误，属事故多发期。员工只有提高个人修养，具有控制自我情绪的能力，才能减少事故的发生。每个人心情愉快时做出的事情总比心情坏时做出的事情要认真而精准，所以，我们要保持乐观的生活态度，不管遇到什么事情，都不要把坏情绪带到工作中来。让自己保持清醒的头脑，尤其是面对具有危险的工作，我们更是要随时提高警惕，把安全放在第一位。同时，要合理安排工作，劳逸结合，业余时间多参加文娱、体育健身活动，忘却烦恼，多与同事沟通思想，释放压力，做到一张一弛，自然应对，抛弃侥幸和自以为是的心理。

人的不安全行为的心理调节，必须遵循安全心理学规律。学习安全心理学知识，掌握心理活动规律，有效调节和控制人的不安全心理和行为。比如运用人体生物节律的科学原理，事前预测人的智力、体力、情绪变化周期，控制临界期和低潮期，以便因人、因事、因时地做好思想工作，调节心理状态，掌握安全生产的主动权。此外，作为领导或者上级部门，切实关心员工的生活，让员工适时放松紧张的情绪，避免长时间在疲劳状态下工作引起的注意力不集中等现象，也能及时调整人的不安全行为。

抛弃不正确的安全观念，培养正确的安全观念，可以从以下几方面入手。

第一，视安全为需要，提高自我安全意识。安全意识因人的知识水平、实际经验、社会地位等方面的不同而不同。按美国心理学家马斯洛提出的需要层次结构论，把人的需要从低向高分为生理、安全、社交、尊重、自我实现5个层次。其中安全被列为基本的需要，是人精神需要的基础，是人的行为活动的原动力。

第二，学习规程和安全技术，增加安全理性意识。要认真地定期开展规程学习和考试制度，才能实现安全观念的提升。只有通过学习、积累、提高安全知识，安全活动的积极能动性才会被释放、激发。而且通过学习过程中的感觉、知觉，使表象不断上升为概念、判断、推理，并运用逻辑的、理智化的思维活动，使安全形成系统化、体系化、高度自觉化的理论体系和思想，从而形成正确的安全观念。这种观念能积极有效地指导行为活动方向，为避免事故和差错奠定良好的心理预控。

第三，严格遵守企业的安全规章制度。企业的安全规定、规章制度是"紧箍咒"，同时也是"护身符"。人的不安全行为，大多有悖于被社会认同的规章制度。因此，要抛弃我行我素、自由自在的观念，培养遵章守纪的观念，用制度来约束自己的行为，达到安全的目的。

5. 一举一动都以安全为准绳

行为安全，才能真正安全。但在现实生活中，一个个血的教训告诉我们，因为一时的疏忽和麻痹而付出的代价是惨痛的，而那些侥幸者，虽在抢救之后活了下来，身体和心灵却留下了难以弥补的创伤和痛苦。痛定思痛，从一幕幕血的教训中我们不难看出，安全就是点点滴滴的安全行为习惯构成的。

有人说，安全是一种确保人员和财产不受损害的状态；也有人讲，无危则安，无缺则全，安全就是没有危险且尽善尽美。事实上，这种绝对化的安全是不存在的。我们说的"安全"，是指客观事物的危险程度能够被人们普遍接受的状态，或者说是一种伴随着生产而来的状态，它与我们的日常工作和生活息息相关。做完饭菜忘了关煤气；用湿淋淋的手拔电源插头；将电视机设置成"待机"状态就匆匆出门；身份证、银行卡随意放置；过马路时抢红灯；下班不关电脑，不关灯；到人员密集的场所往往不注意逃生路线……这些生活和工作中的场景，大家都似曾相识，因为我们或多或少都有类似的错误行为！

也许，我们会为自己辩解，"我要赶时间，要讲效率"，因为时间就是金钱，浪费时间就是浪费生命，也有人会说"我一时疏忽了"，但事故往往就在我们"赶时间"或是"一时疏忽"的瞬间发生了。

曾女士晚上下班回家，搭上了一辆公交车。在她下车的时候，一场意想不到的灾难降临到她的头上。后来躺在病床上的曾女士回忆说："车到某车站时，我是稍后一点下的车。公交车共有三个阶梯，当我的脚迈到中间那个阶梯时，由于下车时身体前倾，头部有一半伸到了车门外。这时，两扇车门带着风声向我的头部挤来，当时就像惊雷击打在头部，我大叫一声，车门被打开了，我也倒在车上昏了过去。"

她没想到，在十几秒钟前，她还在公共汽车上和邻居谈笑风生，十几秒钟后，在她下车的时候，两扇原本已经打开的车门带着风声向她的头部挤来。后来她被送到了医院。医生检查结果是中度脑震荡，伴有恶心、头晕和双手发麻的症状。

事故发生后，公交部门的领导找到司机郑某，原来，事故发生的原因就在于郑某一时麻痹大意，他以为人已经下完了，没有查看摄像头,就关上了车门,才酿成了这起车门挤人的事故。

对于我们每一个人来说,安全是如此的重要,它是通往成功的独木桥,只有在确保安全的前提下,才能抵达成功的彼岸,感受成功的快乐。安全行为是安全最可靠的保障。上班前穿戴好劳保用品,那就是安全行为;按章作业,那就是安全行为;发现一个不起眼的安全隐患并及时将之消除,那就是安全行为。

某重型机械有限责任公司铸钢厂铸造车间发生喷爆事故。事故造成13人死亡,17人受伤。其中11名伤势较轻者病情稳定,另外6人伤情严重,烧伤面积均在65%以上。伤者均为男性,年龄在20岁至51岁之间,以烧伤为主。

伤势较轻的吊车工徐某回忆说,事发时他正在倾倒钢水罐中的钢水,"正好是往回打罐的时候,忽然间那玩意儿就飞回来了,给我弹了个跟头。当时眼前一片漆黑,啥也看不着"。

受伤工人冉某当时离钢水罐只有七八米的距离。他回忆说:"里面钢水动了,我就开始转身跑。刚跑两三步,钢水就飞出来了,我感觉脸火辣辣的,然后就接着跑。反正现在回忆不出当时怎么跑的了,身上着着火我就跑。"

事发后,车间几十名工友前去探望伤者。"听说这个消息,我马上就过来了,主要是担心有没有我的同学受伤。"一位前往医院探视的市民说,他曾在出事车间工作过一年,和很多现有工人是同学,毕业工作一年后辞去工作,幸免于难。据这位市民称,与自己同期入职的一名同学遇难,"心里很难受,他(遇难者)之前还参加过我的婚礼,明天我可能要去参加他的葬礼了。"

安全无小事。为此,我们要在安全行为上认清"三个概念":一是明确安全概念。解析安全两个字,没有危险即安,没有缺陷即全,只有认真理解了安全的概念,我们的安全生产工作才能真正落到实处。二是提升安全理念。任何安全工作都是大事,安全是硬环境,只有把安全工作抓上去，才能为发展营造良好的软硬环境。三是树立安全观念。安全是有代价、有付出、有成本的形态，只有使安全工作做到防患于未然，我们的投入才能得到回报。

一时的疏忽和麻痹而付出的代价是惨痛的。生命对于每个人来说只有一次，注重安全，遵守安全行为习惯是对每个人的起码要求，我们应该像珍惜生命一样重视安全，牢固树立"一举一动都要以安全为准绳"的思想，凡事都要讲安全、保安全。

6. 认识不安全行为的主要类型

在安全事故致因中，人的因素占有特别重要的地位，人的不安全行为是事故的元凶。美国杜邦公司的统计结果表明，96%的事故是由人的不安全行为引起的；美国安全理事会的统计结果是，90%的安全事故是由人的不安全行为引起的；日本厚生劳动省的统计结果是94%的事故与不安全行为有关。我国的研究结果表明，85%的事故是由人的不安全行为引起。这些数字表明，人的不安全行为是导致事故发生的重要原因，只有使人的行为绝对安全，人身安全才能得到保障。

因此，对不安全行为的辨识是预防事故发生的一项重要内容。只有认识到哪些行为属于不安全行为，才能在工作中避免这些行为的发生，以保证自己和他人的安全。

从已发生的事故结果看，已经造成伤害事故的行为是不安全的，或者说可能造成伤害的行为是不安全的。然而，在事故发生以前判定哪些行为是不安全行为往往比较困难，人们只能从已经发生的事故经验中总结归纳出某些类型的行为是不安全的。对此，《企业职工伤亡事故分类标准》（GB 6441—86）附录A专门详细总结了不安全的行为，具体如下：

01 操作错误、忽视安全、忽视警告

01.1 未经许可开动、关停、移动机器

01.2 开动、关停机器时未给信号

01.3 开关未锁紧，造成意外转动、通电或泄漏等

01.4 忘记关闭设备

01.5 忽视警告标志、警告信号

01.6 操作错误（指按钮、阀门、扳手、把柄等的操作）

01.7 奔跑作业

01.8 供料或送料速度过快

01.9 机器超速运转

01.10 违章驾驶机动车

01.11 酒后作业

01.12 客货混载

01.13 冲压机作业时，手伸进冲压模

01.14 工件紧固不牢

01.15 压缩空气吹铁屑

01.16 其他

02 造成安全装置失效

02.1 拆除了安全装置

02.2 安全装置堵塞，失掉了作用

02.3 调整的错误造成安全装置失效

02.4 其他

03 使用不安全设备

03.1 临时使用不牢固的设施

03.2 使用无安全装置的设备

03.3 其他

04 用手代替工具操作

04.1 用手代替手动工具

04.2 用手清除切屑

04.3 不用夹具固定，用手拿工件进行机加工

05 物体（指成品、半成品、材料、工具、切屑和生产用品等）存放不当

06 冒险进入危险场所

06.1 冒险进入涵洞

06.2 接近漏料处（无安全设施）

06.3 采伐、集材、运材、装车时，未离危险区

06.4 未经安全监察人员允许进入油罐或井中

06.5 未"敲帮问顶"开始作业

06.6 冒进信号

06.7 调车场超速上下车

06.8 易燃易爆场合明火

06.9 私自搭乘矿车

06.10 在绞车道行走

06.11 未及时瞭望

07 攀、坐不安全位置（如平台护栏、汽车挡板、吊车吊钩）

08 在起吊物下作业、停留

09 机器运转时加油、修理、检查、调整、焊接、清扫等工作

10 有分散注意力行为

11 在必须使用个人防护用品用具的作业或场合中，忽视其使用

11.1 未戴护目镜或面罩

11.2 未戴防护手套

11.3 未穿安全鞋

11.4 未戴安全帽

11.5 未佩戴呼吸护具

11.6 未佩戴安全带

11.7 未戴工作帽

11.8 其他

12 不安全装束

12.1 在有旋转零部件的设备旁作业穿过肥大服装
12.2 操纵带有旋转零部件的设备时戴手套
12.3 其他
13 对易燃易爆等危险物品处理错误

不安全行为多种多样，千差万别，数不胜数，这些只是最典型和最常见的不安全行为。在工作中要坚决杜绝这些行为，以达到防范事故发生、保障人身安全的目的。

第二章
识别不安全心态,从源头上消除不安全行为

从表面上来看,事故的发生全是由不安全的行为导致的,但如果从深处剖析,就能明白,不安全的行为其实来自不安全的心态,不安全心态才是不安全的真正源头。因此,要消除不安全的行为,首先要消除不安全的心态,包括糟糕的情绪、自以为是的想法,还有大意、粗心、侥幸、蛮干等心理。

1. 调整情绪，坏情绪会成为不安全行为的温床

情绪，是人的感觉、思想和行为综合的心理和生理状态，是对外界刺激所产生的心理反应，如喜、怒、哀、乐等。情绪管理，就是指通过研究个体和群体，对自身情绪和他人情绪的认知、协调、引导和控制，从而使个体和群体保持良好的情绪状态，并由此产生良好管理效果的一种现代管理方法。

人不可能离开情绪，人总是在一定的情绪中生活。情绪可以影响工作效率。在情绪高潮状态下，人们精力充沛，思维敏捷，操作准确，效率高；反之，精神忧郁，思想迟钝，动作不准确，注意力不集中，效率低，给安全生产带来隐患。

如果人的情绪稳定，心态平和，就会认真工作、细致干事、平平安安；反之，如果人的情绪浮躁，心绪不宁，工作起来势必会手忙脚乱，甚至导致安全事故的发生。因此，辨认自己的情绪，分析影响情绪变化的因素，进而加强情绪管理，减少自己的情绪压力，对员工来说，能够激发自身潜能，促进安全生产。

对于有着高风险特征的职业，如果带着糟糕的情绪上岗，一旦发生问题，后果难以预料。

心理学上有个著名的"踢猫效应"：

父亲在公司受到了老板的批评，回到家就对正在做饭的妻子没有好脸色；妻子莫名其妙心中委屈，就把在沙发上跳来跳去的孩子臭骂了一顿；孩子心里窝火，狠狠去踢身边的猫；猫逃到街上，正好一辆卡车开过来，司机赶紧避让，却把路边的孩子撞伤了。

可见，坏情绪是不安全行为的温床。现在，人们为避免重大事故的发生，对影响安全的"硬件条款"管理越来越重视，但对糟糕情绪的不良作用，则容易忽视。

心理学家研究发现，情绪和工作状态紧密相关，不良情绪会给安全生产的稳定发展带来隐患。在工作时只有情绪稳定、心态平和，才会做到头脑冷静，行为科学，安全生产才能有序推进。所有的不安全行为背后都有一定的心理基础和动机。人的行为都是受心理影响和控制的，我们的一言一行不会自发产生，每一项行为都有其背后的心理动机。

一个人在工作中的情绪、心理状态直接影响着他在工作中的行为安全。心理正常、情绪好的作业人员，在工作中会干劲十足，精神集中，动作协调、准确，有利于实现安全生产；相反，一个情绪低落、精神失常的人，在作业中很可能出现失误而引发事故。

有位外线电工，一上班就板着个脸，一声不吭，好像谁欠他钱似的。班长好心劝他："是不是生病了？要生病了，就休息一下，不要到线上去了。"可他眼睛一瞪："谁说我生病了？你才有病呢！"听到他这样说，班长就不再说什么了。其他人看这人跟班长还耍横，就没人再自找没趣了。结果在爬电线杆时，他没有系好安全带，从电线杆上摔了下来。

同事们把他送到医院后，班长给他妻子打电话，刚说"你丈夫住院了"，电话里就传来一个火气很大的女人声音："他是死是活和我没关系！"然后，就把电话挂断了。众人都很诧异，这女人怎么这样说话？这个时候，班长的手机响了，是那个女人打来的："我丈夫真出事了吗？是不是他让你们骗我的？"班长告诉她，她丈夫是在登杆时摔伤了，刚送到医院。"怎么会？都怪我啊！"电话里传来女人的哭声。

从这个例子我们可以看出，情绪和心情影响了操作的准确性，引发了安全事故。人的情绪复杂多变，过度的喜、怒、哀、乐都会给安全生产带来威胁。在日常工作和生活中，引起我们心理情绪变化的原因很多，如生活中的重大事件，事业的成败，工作的顺利与否，人际关系的干扰，健康状态，疲劳，生理节律，气候因素等，都会对人们的心理情绪产生一定影响。

从现代心理学角度分析，情绪可分为积极型情绪和消极型情绪。前者易受外界条件的刺激而变化，在工作中往往出现轻浮、散漫，易产生不安全行为；后者受外部刺激时，表现为忧郁、惊恐，易打乱正常动作，出现不安全动作。这两种情绪都容易导致事故发生，造成人员伤亡、设备损坏和其他事故。这样的心理会导致人的生理变化，进而引起人们行为的失常，给行为安全和安全生产带来潜在的危险。有下面几种情绪的职工，极易出现违章行为。

厌烦情绪：长时间在同一个岗位工作，且工作枯燥无味的员工极易产生厌烦情绪，导致工作时无精打采，注意力不集中，甚至在作业时忽视作业规程，容易发生安全事故。

悲伤情绪：在安全生产上遇到挫折时，员工可能心情低落，进而悲观失望，工作时提心吊胆。这种情绪也容易发生安全事故。

急躁情绪：当完不成生产任务时，员工可能产生急躁情绪，表现为感情冲动，行为鲁莽等。在这种情绪支配下，员工极易违章操作。

兴奋情绪：当安全生产取得一些成绩，受到上级表彰时，部分员工会过于兴奋，骄傲自满。这种情绪会使人放松警惕，工作粗心大意，为事故留下可乘之机。

上述情绪会导致不安全的行为，不安全的行为则是违章作业和伤害事故的起因。我们在了解了以上情绪特征后，要对照自己，找出自己有哪些不安全的心理，在平时注意消除这些心理因素对我们行为的影响；在碰到一些影响我们情绪和心理的事情后，要学会控制和调节自己的情绪。下面几种调节情绪的方法，大家可以试一试。

(1) 语言安慰法

语言对人的情绪有着很重要的影响。语言既能够引起情绪反应，也能抑制情绪反应。即使是不出声的内心语言也能起到控制自己情绪的作用。例如，当暴怒时，默默提醒自己要"制怒"；在心情紧张时，口中默念"要镇静"；在恐惧时，心里念叨"别害怕""没什么好怕的"等，对控制情绪都有一定的作用。学会用语言安慰的方法来控制自己的情绪，对于稳定情绪，保持冷静是非常有效的。

（2）注意力转移法

在工作和生活中，难免会遇到高兴的事和烦恼的事，这些事对我们的情绪影响很大，如果遇到特别兴奋和高兴的事，我们想想还有什么困难和可能遇到的问题，学会用平和的心态来看待喜和悲。遇到烦恼的事，多往好的方面想一想，或者看看电视、听听音乐、串串门、聊聊天等，适当转移一下自己的注意力，对缓解和消除不愉快的心情是有好处的。

（3）精神宣泄法

如果一个人长期处于焦虑和痛苦之中，他的行为就可能出现不正常的表现，有时甚至会出现极端的行为，有可能做出对自己或他人伤害的行为。另外，长期的焦虑和痛苦也会使人失眠、精神恍惚，在工作中不易集中精力，容易引发自我伤害事故。对于这种情况，我们不要把心事闷在心里，一定要用适当的方式宣泄出来，如向自己的领导、朋友、亲属、同事倾诉一下心里的痛苦、烦恼，多和别人聊聊天。通过别人的理解、安慰、同情、解劝，减少自己内心的痛苦，恢复较好的心态。

（4）角色转换法

在一起生活和工作的人们相互之间难免会产生一些矛盾和冲突，这种冲突对双方的心情都会造成不好的影响，如果把这种负面情绪带到工作中，很可能会影响安全生产。对于这种情况，我们除了在为人处事中要学会宽容大度之外，还可以采用角色对换的方法，站在对方的立场或角度想一想，这样就会在一定程度上消除这种负面情绪。例如，一个因违反操作规则而险些造成事故的员工，挨了领导的批评，心里委屈，产生了愤慨情绪。此时如果他设想一下：如果我是领导，这件事应不应该批评，该不该管？这样倒过来想一想，可能很快就想通了，心情也就逐渐平和下来。

（5）外部干预法

上岗人员在作业时能保持情绪稳定，除其自身加强思想修养、稳定心理状态外，单位要积极创造条件，针对作业的特点，创造好的工作环境，尊重科学规律，大力提倡上标准岗、标准化作业，使员工心理上有个舒适感，情绪保持平静正常。同时，企业应本着"尊重人、理解人、关心人"的原则，真心实意地爱护员工、关心员工，使员工在友爱、和谐的气氛中工作，精神上有所寄托，使上岗人员保持稳定的情绪。例如，员工请假前后，人体生物钟处在临界期，在上班前易产生孤独感、失落感。遇有天灾人祸，职工情绪过于亢奋或消沉时，应主动找其谈话，进行安全教育，至少让其情绪稳定后才准上岗。

2. 警惕麻痹大意，思想一麻痹，行为就出错

麻痹大意，行为上表现为马马虎虎，大大咧咧，盲目自信，相信自己的以往经验，认为技术过硬，保准出不了问题；按照常规的思路考虑问题，觉得没有什么危险，因而对可能导致的灾祸估计不足，或根本未有觉察；认为"违章"是以往成功经验或习惯的强化，多次做也无问题。我行我素事事大意，最终酿成大祸。

某线路工区下达35千伏南纺线1至20号登杆清扫检修任务，并明确交代面向杆号递增方向左线为35千伏南纺线，是停电线路；右线为南张线，是带电线路，要设监护人。第三组专责监护人陆某和工作人员陈某负责完成7、8、9号杆检修任务。当检修完8号杆向第9号杆转移时，陆某沿着大路走，陈某却抄近路到达杆位即9号杆西侧爬上杆。在此之前，陆某虽然考虑到自己应赶到陈某前，以便进行监护，但又一想陈某知道9号杆所在的位置，不会搞错，便失去了警惕性。而陈某上杆后，因头脑中已有停电检修的印象，所以没有仔细辨认线路是否停电就登杆。结果，他把南北方向搞反，误登上南张线，当即触电。陈某从14米高处坠落，在坠落过程中又碰到下方导线，摔跌到地上，经送医院抢救无效死亡。由于监护人和作业人均麻痹大意，导致了这起

事故。

麻痹大意，是众多事故的重要根源，这种心理是造成事故的主要原因之一。但是对于安全而言，思想上不能有半点麻痹。认识上的误区会导致管理上的松懈，思想上的偏颇会导致行为上的疏忽。安全生产事故的发生，尽管有多种原因，但主要还是人的安全意识淡薄，缺乏足够重视所致。要想时刻处于安全中，就必须要克服麻痹大意思想，来不得半点马虎，稍有松懈就会出事。在日常工作中，如果员工总是带着漫不经心的态度去工作，检查设备时敷衍，实际操作时精力不集中，不严格按照规程操作，能省力则省力，那么悲剧就必然会发生。

某石化公司轻烃站运行人员发现，3#原料气压缩机声音异常，维修人员接到任务，立即赶到现场，确认问题后立即停机并迅速展开抢修。当时虽对压缩机进行了放空，但由于操作工作麻痹大意，没有等压力完全泄放就关了放空阀，这时汽缸内仍有压力。当维修工人卸开气阀阀盖时，阀盖仍压得很紧，于是用工具撬动。突然听到一声尖利响声，一股气流冲了出来，阀盖连同气阀一起飞了出去，掉在了距离机体 2 米外的地面上，当时一起工作的几名维修人员吓得心惊胆战，还好当时气阀前没有人，事故未造成伤亡。

也许有人认为思想上的麻痹与事故的发生并没有直接的关系，其实不然，思想决定行动。当我们思想上麻痹忽视安全时，安全就一定会受到我们不正确行为的伤害。无数个事故案例告诉我们，思想上稍有麻痹大意，安全就离我们而去。麻痹大意会出现在我们工作中的任何一个阶段，因为熟悉操作过程，我们可能会习惯性地忽视安全；因为熟悉机器运转，我们可能会忽视安全；因为赶时间抓进度，我们同样可能会忽视安全。这些原本会很安全的操作只因为我们的大意，就让我们接受惨痛的事故教训。有许多人在事故后发出感叹：想想都后怕。其实，对于还能"想想都后怕"的人来说，算是幸运的，太多的人因为麻痹大意引发安全事故后，连

"想"的机会都没有了,留下的是工友的心悸和家人无限的痛苦。所以,不管我们是老员工还是熟练的操作手,任何时候都不要有麻痹大意的思想,任何时候都要把安全放在第一位,有了安全,才有一切。

3. 杜绝侥幸心理,心怀侥幸只会不幸

侥幸心理,也是经常引发事故的不良心理之一。其表现是:明知习惯性违章行为会引起不良后果,但又感到并非每次习惯性违章都会导致事故。以前这么干没出事,这次也不会出事。"大风大浪都闯过来了,小河沟不会翻船。"但在侥幸心理的驱使下铤而走险,终将自食其果。

某火电公司在完成3号机高压缸扣大盖作业中,宋某曾几次违反安全规章,在汽缸与跳板之间跨来跨去。因为侥幸没有出事,他的胆量越发大了起来。后来一次跨越时,由于步幅不够,一脚踏空,坠落地面,走完了人生之路。侥幸心理使他"一失足成千古恨"。

有侥幸心理的作业人员在工作过程中,认为严格按照规章制度执行太过于烦琐或机械,未严格按照规章制度执行或执行没有完全到位并不是违章行为,认为即使偶尔出现一些违章行为也不会造成事故。而正是这种侥幸心理的作用使事故一而再、再而三地发生。

某焦化厂备煤车间3号皮带输送机岗位操作工郝某从操作室进入3号皮带输送机进行交接班前检查清理,约15时10分,捅煤工刘某发现3号皮带断煤,于是到受煤斗处检查,捅煤后发现皮带机皮带跑偏,就地调整无效,即向3号皮带机尾轮部位走去。

第二章
识别不安全心态，从源头上消除不安全行为

在离机尾约5~6米处，刘某看到有折断的铁锹把在尾轮北侧，未见郝某本人，意识到情况严重，随即将皮带机停下，并报告有关人员。有关人员到现场后，发现郝某面朝下趴在3号皮带机尾轮下，头部伤势严重，送医院经抢救无效死亡。后经当地有关部门组成的调查组调查结果表明，操作工郝某在未停车的情况下处理机尾轮沾煤是导致事故的直接原因。郝某抱有侥幸心理违规操作，最终失去了生命。

无数事故背后，都能看到一些侥幸心理的阴影，这些侥幸心理有来自领导的，有来自新员工的，也有来自老员工的，他们心存侥幸的原因各不相同，但导致的结局却大致一样。就那些心存侥幸的领导而言，他们明知道安全是不容忽视的，他们也知道失去安全的严重后果，但为了生产，为了利润，为了利益，他们往往把安全放在一边。他们的态度是"讲起来重要，做起来次要，忙起来不要"。同时，在他们领导的过程中，总认为这些年一直是这样，也没见出多大事故，先抓生产要紧，效益才是硬道理。真正有事故出现时，他们又捶胸顿足，后悔不已。新员工又会有什么样的心态呢？俗话说无知无畏，新员工刚刚走上新的工作岗位，对自身工作环境的安全状况还不甚了解，在没有经过专门的安全培训的情况下贸然上岗，他们根本就不知道自己没有安全保障会产生什么样的严重后果，尤其是一些自视有能力、进步快的年轻人，更是以为只要有本领、有操作技术，就一定能超过那些老员工，因此安全在他们心目中就是零，就是可有可无的。也正是这种心理，造成了无法挽回的惨痛局面。在侥幸心理的支配下，"尊重生命"成了口号，于是一幕幕人间悲剧不断上演……

某焦化厂检修车间在炼焦塔东南侧，进行焦粉池抓斗行车轨道梁更换工作。当时，要更新的轨道梁已安放在焦粉池中间，焦粉池内积满63摄氏度的熄焦水。作业人员需越过熄焦水沟，到池内去挂钢丝绳。这条熄焦水沟西边宽约一米，东面宽仅30厘米，但西边距焦粉地作业点略近一点。作业人员张某为了贪图方便，欲从西边跳过去而后抓住一根柱子，再去挂钢丝绳。在场的两位

车间主任看见后只不负责任地说了一句："你要注意。"而后，张某就纵身一跳，谁知沟对面地势不平，他未能抱住柱子，重心不稳，摔入滚烫的焦粉池内。后被人及时救起，急送医院诊治，但伤势过重，回天无力，生命就此消逝。

侥幸心理的解释是无视事物本身的性质，违背事物发展的本质规律，违反那些为了维护事物发展而制定的规则，认为根据自己的需要或者好恶来行事就能使事物按着自己的愿望发展，直至取得自己希望的结果。侥幸心理就是妄图通过偶然的原因去取得成功或避免伤害，成了许许多多悲惨生活的罪魁祸首。侥幸心理，是一种信念的迷失，缺少坚持，是对事件把控上的懒散，若形成习惯，则成为很严重的问题。

安全工作中，这种侥幸心理纵然存在，但常常不会引起人们的重视。尤其针对于企业生产过程中的违章者来说，几次违章并没有铸成大错，于是这些存在侥幸心理的人认为，其实违章也没有那么可怕，只要我小心一些，事故是不会有的。然而，凡是违章就会存在危险，有危险就一定会有伤害，所以才会有事故发生，才会有太多惨痛的教训。杜绝侥幸心理，把制度放在心中，让遵守制度成为一种习惯，我们的安全才会有保障。

4. 别怕麻烦，图省事反而更惹事

很多员工有一种怕麻烦的心理，机器装上防护罩，好是好，就是太麻烦；上岗穿上防护鞋，是安全，就是太麻烦；进场戴上安全帽，穿上防护服，也是太麻烦；走安全通道过去，哪要那么麻烦，走这边的道也挺好；用安全的方法来做，好是好，就是这么麻烦，何必呢……他们最怕的就是麻烦，就是想省事，殊不知，越想省事却恰恰最容易惹事！

某磷矿化工厂磷铵车间磷酸工段化工一班操作工王某,在对磷酸工段盘式过滤机辅料情况检查时,发生盘式过滤机翻盘叉及翻盘滚轮、导轨立柱、导轨挤压、辗压伤害事故,致王某左腰部、后背部挤压伤,双腿大腿开放性、粉碎性骨折,经抢救无效死亡。

经事故调查小组多次现场考证、比较、分析,一致认为死者王某自身违章作业是导致事故发生的主要直接原因。一是王某上班时间劳保穿戴不规范,纽扣未扣上,致使在观察过程中被翻盘滚轮辗住难以脱身,进入危险区域;二是王某在观察铺料情况时违反操作规程,未到操作平台上观察,而是图省事到导轨和导轨主柱侧危险区域,致使伤害事故发生。

这是典型的求快图省事心理导致的事故,这种怕麻烦、图省事心理又称为惰性心理、节能心理,是指在作业中尽量减少能量支出,能省力便省力,能将就凑合就将就凑合的一种心理状态,也是懒惰行为的心理依据。其主要表现就是干活图省事,嫌麻烦;节省时间,得过且过。比如为了赶进度,早下班,早休息,人为地改变或缩减作业程序,像腰绳该打死结,却打活结;该用绳索上下传递的重物,却用抛掷的办法乱扔。一时求快图省事,往往带来不堪设想的后果。

某冶炼厂给料系统由一台皮带输送机送料,经颚式破碎机破碎后进入下一工序。某日夜班(零点到八点),员工王某在此岗位负责操作,由于当班破碎的原料大块较多,破碎机难于吃进,遇到大块的矿石必须停机将矿石取出,人工用大锤将其砸成小块,再放进破碎机打碎。本来按正常给料时的操作完成当班生产任务只要五个多小时,但因为大块矿石太多,距离下班只有两个小时了,王某才完成了当班工作任务的60%左右,因此很着急。六点左右,一块大料进入破碎机进料口,操作人员王某看到破碎机只是在不停地空转,矿石没有下去,便将皮带输送机停下,径直走到破碎机进料口，左脚踩在操作台边缘，右脚使劲往破碎机进料口踩矿石。石块终于被挤压进去，但由于王某用力过猛，右脚也跟着被踩的石块一起进入破碎机，脚踝以下全部夹碎。

王某为了尽快完成任务，按时下班，急于求成，最终导致事故的发生。破碎机不会理会你是什么状态，它只管不停地转动。这回，急于下班的王某恐怕是再也上不了班了。

企业制订奖勤罚懒制度是为了提高劳动生产率，但是个别作业人员（特别是在计件、计量工作中）为了追求高额计件工资、高额奖金及自我表现欲望等原因，将操作程序或规章制度抛在脑后，盲目加快操作进度，而不是科学的改进操作程序。特别是在实行经济收入与工作任务直接挂钩的情况下，单纯追求金钱的思想，常常是导致习惯性违章行为的心理动因。

5. 盲目逞能，自取其害

还有一些员工自以为是，爱过度表现，这就是逞能心理。这种心理也是导致事故发生的源头之一。具体表现是：总认为自己有经验，有能力防止事故的发生，自以为是，根本不管不顾安全规程和安全纪律，我行我素，任意妄为。对自己习惯性违章未造成事故的经历，不但不以为耻，反而当成荣耀在人前吹嘘，把这当成自夸的本钱。

这是一种非常危险的心理，有这种心理的员工，在生产现场工作时，不是凭借安全生产工作规程来操作，而是靠想当然，自以为技术高人一等，不遵守安全规程照样能做得很好，故意显摆自己多么能干，多么高明，故意违章，以至于误操作或误调度，造成事故。

《广州日报》曾有一则新闻引起人们的关注：江门台山市斗

山镇某养鱼场林某为了在同伴面前逞能，试图用手抓住搅拌杆来阻止饲料搅拌机的运行，不慎被机器卷入，造成头部、臂部多处受伤。消防官兵经过4个多小时的奋力抢救，才将林某救出。

"搅拌机箱内的两根搅拌横杆死死卡住林某，把他紧紧压在箱体壁上，动弹不得。"现场抢救的消防员介绍，接警后，消防大队火速出动3辆车、18名消防官兵赶赴现场，发现林某头朝下被卷入饲料搅拌机内，两腿仍在搅拌机外，上身的头部、臂部和胸部多处受伤，处于半休克状态。消防人员首先利用钢锯锯开卡住林某腹部的横杆，换了两根锯条后才锯开横杆的一端；随后，换过一片砂轮后，将右侧厚厚的箱体杠壁拉开，才最终切掉并取出这条横杆。剩下的一根横杆卡住了林某的右臂，其仍不能动。由于钢壁又厚又硬，工作进展异常缓慢，消防官兵经过4个多小时的轮流剪切，才将林某救出来。

据调查，19岁的林某为了在工友面前展示自己力量大，在搅拌机打开开关运行的一瞬间，试图用手紧握搅拌机箱体内的搅拌杆，以此来阻止搅拌机运行，不料却被饲料搅拌机卷入。此前，林某曾多次用同样的方法阻止了搅拌机的运行，但这次却"失手"了。

这就是典型的逞能心理导致的事故，总认为自己技高胆大，别人不敢做的事，我能做。逞一时之能，险些让自己丢失了性命，除了摇头叹息，我们似乎找不到更合适的方式来评价这位年轻的"勇士"，也许经此一劫，他会知道珍惜生命了。

有一位民工以胆子大著称，平时就喜欢按照自己的习惯做法去摆弄电源。进入工地后，虽经教育，旧习不改。一次，他未经任何人允许，便准备去接移动式电源箱的电源。多亏被师傅发现，及时制止了。但在没人时，他又偷着接起电源，误将黑色接地线，接在火线上，使移动式电源箱外壳带电。他又把振捣器电源插销插在移动式开关箱的插座上，当用手摸电源箱壳体时，当即触电倒下，移动式开关箱又压在他的胸上，最终经抢救无效死亡。

逞能不仅会有安全危险，还会导致事故的发生，是工作中的大忌，是不可取的。盲目逞能最多也就是博人一笑，结果却有可能生命不保。权衡一下，我们就不会再去做这种无知的傻事了。对于员工来说，一定要消除这种逞能心理，杜绝这种违章蛮干的行为，如果有这样的想法，一定要及时打消，以免给自己和他人带来不良后果。

6. 安全在自己，从众不可取

工作中，一些人有一种盲目的从众心理，心里残存的一点点安全意识被淹没在一致的"约定俗成"中。

从众心理不难理解，就是别人怎么做，"我"也跟着怎么做。所谓从众，即是个人受到外界人群行为的影响，通过让步，让自己的认知和行为符合大多数人的标准和规范。

"大家都是这么干的，我原以为照着做就行了！""这已经形成惯例了，怎么会出事了呢？""为什么大家都这么做，只有我那么倒霉？"有安全事故出现时，总会听到这样的一些话。似乎口气里还有满满的不明白和深深的不愿意——为什么别人可以我不可以?!

这就是典型的盲目从众心理。有这种心理的人，看重的是"别人这样做，我也这样做"，却并没有把安全放在第一位，也没有把规章制度当作一回事，更没有想过这样做到底对不对。反正别人这样做，我也这样做。

或许在人情世故或是大是大非上面，偶尔"从众""随大流"，会有好处，不至于让自己与大众格格不入，有利于让自己融入其中。但在安全上，这样的心理相当危险。

从众者由于性格、文化程度、工作阅历等的差异,或害怕自身的行为脱离大众的步伐,或"无知者无畏",认为别人设定的"规则"不用怀疑;或是逃避负罪感,而将自我的态度和意见容纳于群体中,即使别人错了,也是一起分摊结局,这正应了中国一句老话"有福同享,有难同当"。从众行为正是源于群体对自己的无形"暗示",迫使自己可能违心地产生与自己意愿相反、甘愿屈从周围人群的思想。

2017年7月20日上午8时,一段"深圳地铁乘客不明原因奔跑"的视频在网上传开,引起社会及网友的关注,瞬时占据各大门户头条及微博热搜话题。深圳地铁运营总部官方微博也随之发布消息,称深圳地铁7号线列车在皇岗村站进站时,车厢有一名乘客因不明原因奔跑,使人群受到惊吓引发慌乱,导致15名乘客轻微擦伤。

真实的情况是,有一男子在地铁里可能是玩手机太专注了,差点忘记到站时间,当他一抬头看到自己到站了,就急忙跑步冲下车。该男子的这一动作让车上的另一人以为发生了什么重大危险事故,也跟着往外跑。结果站外面想上车的人看到车里的人拼命往外跑也跟着跑起来了,还有人喊"着火了",有人喊"有人拿刀",于是地铁站里上演了一场全民冲刺,整个车站上的人都跑起来了。结果完全是虚惊一场,整个事件是因为男子上班赶时间急忙跑几步引发的。

从众现象在我们生活中,比比皆是。大街上有两个人在吵架,这本不是什么大事,结果,人越来越多,最后连交通也堵塞了。一个人如果蹲路边看井盖,就会慢慢吸引很多人停下来看看,也不知道在看什么;路口骑自行车的人有一个无视红灯闯过去,后面的人就会一窝蜂地跟着闯了过去,本来没打算违反交通法规的人,也因为从众心理作怪,跟着闯了红灯……

俗话说,吃螃蟹看大家。每个人都有不自觉的从众心理,看到别人这样做就会情不自禁地跟着学,久而久之形成一种普遍现象。这种心理表现在安全管理上，就十分危险。如果生产中的违章违纪行为没有被及时制止，就很可能会被很多人效仿和追随，就会导致更多更严重的后果。

在一个班组或是一个团队里，这样的从众心理很普遍，一些员工在工作中发现工友、师傅违章作业既省时省力，又侥幸没有发生事故，就会有意无意地效仿，久而久之形成了不良行为习惯。还有一些不良行为是徒弟从师傅那儿"传承"下来的。企业的培训制度，一般都是徒弟与师傅签订师徒合同，由于师傅带徒弟过程中，会将一些习惯性违章行为也传授给徒弟，徒弟如果不加辨识，全盘接受，就有可能成为这种坏习惯的接棒者。在这样的工作氛围下，要克服从众心理，其实更难一些。不过，只要时刻把安全放在第一位，一切行为都以安全为准，做任何事情之前，首先想到安全，就不会盲目从众，而是会严格按照安全规章来操作，保证自己的安全。

7. 人际关系不和谐也会导致不安全行为

人际关系，是指人们在社会领域中，通过人与人之间的交往建立起来的心理上的联系，是人们相互之间的情感距离和相互吸引与排拒的心理状态。

人际关系是我们每一个社会人都必须要面对的，据有关材料介绍，一个人一生中要用60%的时间和精力用来处理各种复杂的人际关系。人际关系的好坏不仅影响个人的发展，也影响企业的发展，还会直接影响到行为安全。良好的人际关系可以减少摩擦、克服内耗、解决矛盾，求得个体和群体相对稳定与和谐发展。一个团结、融洽、和谐的工作氛围肯定会比一个各行其是、互不关心的工作环境所产生的工作效率要高。安全需要人与环境的协调统一，而人际关系是实现人与环境相互协调的纽带。因此，人际关系的好坏对安全有着十分重要的影响。

良好的人际关系可以促进企业群体凝聚力增强，使人心情舒畅、工作积极性提高，使群体成员团结一致，提高群体及成员的安全生产绩效。而不良的人际关系会使双方产生冷淡、敌视、忧虑或苦闷等心理状态，使人紧张、注意力分散，在生产活动中心理和行为不稳定而导致事故。

某机械厂机械加工车间发生一起钳工装夹工作不停车，被摇臂钻床直径28毫米麻花钻绞死事故。该员工姓黄，男，40岁，在钳工岗位做了四年，平时工作比较认真，但性格内向，不善与人沟通，与同事关系一般，很少倾诉。

某天下午14时上班后不久，黄在Z33摇臂钻床加工276Q微型汽车发动机缸体平衡轴孔时，由于贪快、赶工时，竟违章操作——装夹工件不停车，至15时25分左右，黄在装夹工件时，插定销的左手被转动着的直径为28毫米，转速为200转/分钻头绞住衣袖。越绞越上，直绞到颈部，工段长陆某听见叫喊声，马上跑过来切断钻床电源，接着该车间工友何某、魏某等3人急跑过来，用手反转主轴把钻头卸下的同时将黄某解救下来并立即抬送厂医院，经厂医院初步诊断后立即用车送至柳州市工人医院抢救，但因伤势过重，最终抢救无效，三天后离世。

事后调查发现，黄某在出事前一天，因家庭经济问题与爱人吵架，爱人一赌气，就携女儿回乡下去了（距工厂仅9千米）。由于家庭不和睦，加之黄某性格内向，背着沉重的思想包袱上班，因此他整天闷闷不乐，也不和他人交流，只埋头干活。这天刚好是星期六，工厂又发了工资，黄某工资领到手，一心想快点做完好回家看望老婆孩子，所以，在工作中赶进度、贪快，装夹工件不停车，加上思想注意力不够集中，结果被直径28毫米麻花钻绞着衣袖以致扭伤左上肢及颈部，造成颈椎骨折，送医院抢救无效死亡。此时，年幼的女儿还在不停地问妈妈："爸爸什么时候回来？"

人都是有情感的，情感是人们普遍存在的一种心理活动。情感具有信号的功能，它是人与人之间相互影响的信息交流系统。正是由于它具有这种功能，以人为本的安全理念可以通过情感对他人施加影响，或通过他人产生影响，以实现安全生产的愿望和要求。情感还具有调节功能，对人的活动起着支配作用。情感因素在安全工作中有着特别重要的作用，而人际关系和情感因素又密不可分。

家庭关系是最重要的人际关系，对一个人的影响极大。家庭是调节情绪和消除疲劳的场所。家庭关系和睦的员工，回到家里就能得到休息和调养、恢复体力和精力；在单位里的不顺心也可以通过向家人诉说得到安慰和劝解，从而促进安全。而家庭关系不好，则会加深烦恼，工作表现消极，不能集中注意工作，就极容易发生事故。所以每一个对家庭怀有深厚感情的员工都应当处理好家庭关系，促进家庭和睦温馨，让自己保持稳定的情绪和乐观的心情。这些对于安全意义重大。

当然，人际关系不仅仅只有家庭关系，还有同事关系、亲戚关系、朋友关系、上下级关系等，多种多样的关系，都需要我们好好调和，保持和谐融洽，才能促进安全。

工作中良好的人际关系，可以营造和谐的工作氛围和环境，可以促进员工之间相互关心，把关心他人、珍爱他人生命和个人安全紧密联系在一起，安全才能落在实处。员工在感受到组织对其工作安全的重视与支持后，会对自身参与和遵守安全行为的意愿与能力产生积极影响，逐渐改善其在工作中的心理状态，在面对工作困难时变得更加自信、乐观、充满希望和坚韧不拔。所以，重视安全也不能忽视人际关系的和谐与融洽。员工要注意以下方面，来改善和建立良好的人际关系，不让人际关系影响到安全。

(1) 要有团队精神

古人云：人心齐，泰山移。我们也常说："团结就是力量。"团队精神对搞好安全有着重要的意义。因为安全工作不是某一个人的事情，而是整个团队的事情，个人安全才有团队安全，团队安全必然带来个人安全。而且个人的力量是有限的，很难突破时空、环境的障碍。如果人心所向，众志成城，在安全生产上就会以最小的代价，获得最大的安全。

（2）要关心帮助别人、善待别人

患难识知己，逆境见真情。当一个人遇到坎坷，碰到困难，遭到失败时，往往对人情世态最为敏感，最需要关怀和帮助，这时哪怕是一个笑脸，一个体贴的眼神，一句温暖的话语，都能让人感到安慰，感到振奋。大家在同一个车间或班组工作，相互都需要支持和帮助，更需要相互善待，相互宽容。如果对别人漠不关心，麻木不仁，小心吝啬，怕招引麻烦，事故可能就发生在你身边。这样不仅害人，而且害己。上岗前相互多一点叮嘱，工作中多一点提醒，生活中多一点关照，可以达到人情化帮助、亲情化感染的效果，不仅可以营造良好的人际关系，也有助于保障安全生产。

（3）相互尊重，相互学习，求同存异

每个人成长的环境、生活习惯都有不同，同事之间应当互相尊重，求同存异。一是在工作和交往中要严于律己，注意自己的一言一行，做到诚实守信；二是要一分为二地看待同事，每个人都有不大为人所知的长处，要善于发掘别人的长处；三是要尊重别人的个性和习惯，不因彼此的个性差异而冷淡，要增进相互之间的友谊；四是要相互学习，善于汲取别人之长补己之短，学习和借鉴别人的经验和教训，丰富自己的安全知识、提高自己的安全技能，在安全工作中自如运用，及时发现和解决问题，避免事故的发生。

（4）学会控制情绪

能驾驭自己的情绪，才能真正驾驭自己。社会是复杂的多面体，各种情况都可能随时发生。人的情绪是变动的，会随着环境和问题的变化而发生变化，有时高兴，有时低落，有时愤怒，有时生气。人是有理智有思维的，人的思想和行动不仅受感情的支配，更要受理性的控制。情绪影响着言语和行动。保持良好的情绪不仅更受大家欢迎，有利于人际关系的发展，也是保障安全的必备条件之一。

➡ 第三章
识别违章指挥，杜绝危害最大的不安全行为

要安全就不能有违章，有违章就不会有安全。而违章行为中危害最大的就是违章指挥行为。因为违章指挥极易造成群死群伤事故，违章指挥等于杀人！因此，对违章指挥行为要重点识别，坚决杜绝。

员工不安全行为的自我识别与防范

1. 违章指挥就是杀人

"三违"中危害最大的就是违章指挥,因为违章指挥造成的损失和伤害最大。违章指挥往往是决策性的失误,而非小错误,导致的后果也更为严重,往往是群死群伤性事故。因而员工的不安全行为,绝不能放过违章指挥,因为许多伤亡事故都是由违章指挥引发的。

某化工厂乌洛托品车间因原料不足停产。经集团公司领导同意,厂部研究确定借停产之机进行粗甲醇直接加工甲醛的技术改造。下午15:30左右,在精甲醇计量槽溢流管上安焊阀门。精甲醇计量槽(直径3.5米,高4米,厚8毫米)内存甲醇10.5吨,约占槽体容积的2/3。当时,距溢流管左侧0.6米处有一进料管,上端与计量槽上部空间相连,连接法兰没有盲板,下端距地面40厘米处进料阀门被拆除,该管敞口与大气相通。精甲醇计量槽顶部有一阻燃器,在当时35℃气温条件下,槽内甲醇挥发与空气汇合,形成爆炸混合物。但现场指挥员却根本没有把这些残余的气体排空,违章指挥工人焊接。当工人对溢流管阀门连接法兰与溢流管对接焊口(距进料管敞口上方1.5米)进行焊接时,电火花四溅,掉落在进料管敞口处,引燃了甲醇计量槽内的爆炸物。随着一声巨响,计量槽槽体与槽底分开,槽体腾空飞起,落在正西方80余米处,形成一片火海,火焰高达15米。1名电焊工用气割切割其上方连通槽的放空管道时,2#空计量槽突然发生爆炸,该电焊工当场被炸得血肉横飞。正在相隔仅2米远的另一槽上操作的2名工人受气浪冲击,被摔出3米多远,均受重伤。

经现场勘验和技术鉴定,酿成这起1死2伤重大伤亡事故的主要原因是违章指挥、没有清除2#空甲醇计量槽内的残余甲醇气体，加上用于切断甲醇槽与放空管的盲板不合格，被气割时加热的气体冲破，致使槽内残余的甲醇气体与空气混合在爆炸范围内，遇到气割明火当即发生爆炸。

我们在安全工作中常常说这样一句话：违章作业等于自杀，违章指挥等于杀人！这似乎有些危言耸听，但事实就是如此。违章操作就很有可能引发事故，事故就极可能伤人伤己。而违章指挥因为是团体作业，如果违章，伤害的还不仅仅是自己，而是团队，是所有作业的人。违章指挥极易发生群死群伤事故，等于直接将工友的性命往虎口里送，不仅伤人，还会害己，所以违章指挥比违章作业的后果更为严重。

某钢铁集团第三钢铁有限公司发生一氧化碳泄漏事故，1名26岁的工人死亡，31名工人受伤入院。据调查，事故是因一号高炉发生膨料故障时违章指挥、盲目施救造成的。当时一号高炉出现膨料故障，下不了料，不能生产，现场指挥人员指挥五六名工人上去处理，却因为高炉膨胀，一氧化碳助燃剂自炉顶引孔泄漏，使正在作业的工人发生中毒事故。其他工人得知情况后陆续赶去救援，结果导致事故扩大，造成1死31伤。

违章指挥通常是团体作业，往往涉及多人。如果不遵守规章，不照章行事，不仅会使指挥者自己受到伤害，还会使同事、工友受到严重的伤害。所以说违章指挥等于杀人。违章指挥，实际上是一种违反安全规程，不顾客观规律，不讲科学态度，随心所欲的蛮干行为，常常造成严重恶果，引发群死群伤的惨烈事故，其结果不只是"杀人"，也会"自杀"。

某公司领工兼指挥任某，在组织吊装1号烟道过程中，不顾操作失误，已无法使烟道就位的实际，不听工人改变吊装方案的劝告，继续指挥起吊。结果，当烟道大头底沿吊起距烟道上面还差0.3米时，烟道大头侧两个吊鼻、一边主筋板吊鼻连同烟道5

毫米厚铁板一起被拽下来，南侧的槽钢焊鼻也落下。任某也随烟道下落，瞬间抛出去，被安全带拽了回来，头部撞在烟道上，伤势过重死亡。

所以，指挥人员一定要在保证安全的前提下，实施正确的指挥，不然，后果不堪设想。因为违章指挥不出事故便罢，一旦出事故，造成的往往是多人的伤害，而且非死即伤，更可怕的会造成群死群伤。其后果比违章作业还要严重，因为违章作业大不了伤了自己，给企业带来损失。违章指挥却是既害人，又害己，还害企业，导致的后果也更为严重，引发的事故也更为惨烈，不论是对自己还是对别人，造成的伤害也都更为可怕。

某电力安装分公司副经理姜某，就因为违章指挥，引发一起群伤事故，不仅使同事受伤，也毁了自己的前程。那天，送电一班接受将142号杆移位顺直的任务，8时许，天下起小雨，继而风雪交加，施工遇到困难。在工地的班长即用电话请示分公司经理刘某，要求停止工作。但刘某想尽快送电，便让副经理姜某带领二班去支援。姜某到现场后，既未交代任务，又未布置安全措施，便让大家干起来。结果在忙乱中电杆埋深不够而倒杆，造成2人重伤，2人轻伤。姜某被公司追责，丢了自己的副经理职位。

而另一位违章指挥造成群亡群伤特大事故的常某，则是直接把自己送进了监狱。那是立完了10千伏线路18号电杆后，班组长常某带领全班安装此杆的横担。在施工中，常某让作业人员把一根新线绳的一端绑到杆的头部，下端绑到汽车尾部小横梁上，然后进入驾驶室，让司机开车。起车2米左右，由于拉绳没解开而将电杆从地面处拉折，左杆上作业的5人中，3人死亡，1人重伤。常某因重大责任事故罪被判处有期徒3年。

违章指挥危害更大，造成的影响和损害也比违章作业更为严重。违章指挥行为就是安全的大敌，必须坚决制止，全面整治，直至根除。企业领导和现场指挥人员务必要慎重对待和行使自己的指挥权，做到照章指挥、正确指挥、认真指挥，保证现场安全，保护作业安全，防范事故的发生。

2. 违章指挥行为的识别

违章指挥危害巨大，那么，什么是违章指挥？

所谓违章指挥，就是企业领导或是生产作业指挥人员违反国家有关安全的法律、法规、规章制度、企业安全管理制度或安全操作规程，指挥作业的行为。包括不遵守安全生产规程、制度和安全技术措施，或擅自变更安全工艺和操作程序，指挥者未经培训上岗，使用未经安全培训的劳动者或无专门资质认证的人员；指挥工人在安全防护设施或设备有缺陷、隐患未解决的条件下冒险作业；发现违章作业、违反劳动纪律不制止等，都是违章指挥。违章指挥有以下几个特点。

（1）隐蔽性

由于违章指挥往往发生在领导层或是指挥人员中，一般不是直接违章，不易被人注意，特别不易被人当时发现。身在险中不知险，如一名员工违章作业，某领导看见不纠正，当这个施工人员因违章发生事故进行事故分析时，分析人员往往只强调工人违章，而对领导的责任不予过问。

（2）普遍性

违章指挥现象相当普遍，只是不同的违章者所处的违章环境差异很大、表现形式不同而已。如有的是在会议室，有的是在作业（或操作）现场，有的表现在安全措施上，有的表现在文件、制度上。

（3）传染性

行为人在进行违章指挥时，就已经将这种违章行为在他人（主要是其下级）面前进行了传播。违章指挥多发生于领导层，并且会一层影响一层。员工看班长，班长看主管，主管看项目经理……级别越高影响越大。主管不重视安全，班长就更不重视安全；主管不纠正违章，班长也不愿去

"得罪人"；班长不纠正违章，员工就认为冒险作业是对的，这无形中对员工安全施工起到了潜移默化的误导作用。时间一长，员工不但不把冒险作业当作违章，而且有时竟当成工作"经验"。这种"示范性"的危害是相当严重的，员工的违章作业源于领导的违章指挥。上梁不正下梁歪，违章指挥不根除，违章作业也不可能杜绝。

（4）难防性

由于大多数习惯性违章指挥的行为人拥有一定的职务，有的还是安监人员的上级，这使很多安监人员不愿制止、不敢制止甚至不能制止。

（5）顽固性

领导层的违章指挥同员工的违章作业一样，是由一定的心理定势支配的，并且是一种习惯性的动作方式，因而它具有顽固性、多发性的特点，往往不易纠正。只要支配性违章行为的心理定势不改变，习惯性动作方式不纠正，违章指挥就会反复发生，直到行为人受到事故的惩罚。违章指挥既有很大的习惯性，又有很强的隐蔽性。而隐蔽性又对管理性违章的习惯性起到了很大的掩护作用，这就加剧了管理性违章的顽固性。

（6）危害性

员工的违章作业，可以直接导致事故的发生。违章指挥却因团体作业的特点，往往导致恶性事故的发生。其危害比一般的违章作业更大更严重。当然，并不是所有的违章指挥都与事故发生有着必然的关系。有的违章指挥虽然出现，但事故并不随之而来，如对上级文件传达贯彻不力，教育培训不认真，事故分析不符合要求等；有些时候只要违章指挥出现，就有随时发生事故的危险，比如在高空作业的危险区域，安全带没有可挂之处，但又不采取措施；起重机械安全装置失灵，领导知道但不予处理，仍强令继续施工等。

要识别违章指挥行为，先要认清违章指挥的具体表现。有下面这些行为，一定是违章指挥行为，务必警惕和重视，及时改善和杜绝。

①不能坚持安全第一，管生产时未同时管安全。

②企业内部劳动组织不合理，安全组织不健全。

③安全生产责任制不明确、不落实。对自身安全职责不清楚、不落实或落实不到位。

④安全技术知识贫乏，又不注意加强学习。

⑤安全措施制订不准确，缺乏针对性和严密性。

⑥安全规程、劳动保护法规实施不力，贯彻不周。

⑦分配工人工作，缺乏适当的程序，用人不当。

⑧不重视安全防护措施。

⑨内部管理松懈，管理上有随意性。

⑩布置生产任务和技术交底时，未进行安全指令和安全措施交底，或交底不认真。

⑪审批签发安全票证时不认真、不把关、走过场。

⑫发现员工违章作业时不及时制止、纠正。

⑬不能带头遵章守纪。

⑭安全活动、安全教育、培训不认真或没有针对性。

⑮对事故隐患的整改未落实整改措施或整改不认真、不及时。

⑯故意隐瞒事故，不报告上级。

⑰发生了事故未按"三不放过"原则处理。

⑱在计划、布置、检查、总结、评比生产时，未同时计划、布置、检查、总结、评比安全工作。

⑲制订检修计划时未同时制订安全措施和检修方案。安排检修任务时，安全措施不到位。

⑳强令工人冒险作业。

㉑为片面追求经济效益或是赶工期而冒险指挥。

㉒不能正确对待安全方面的批评。有的决策者在安全问题上没有摆正自己的位置，认为自己是一方领导，说了做了就算数，各级安监人员的安全建议和批评是故意给自己难堪。

违章指挥的危害是相当大的，后果也极为严重，因而更需要坚决杜绝。不然，就难免会引发事故，造成重大人员伤亡和经济损失。

3. 防范违章指挥从分析深层原因开始

要全面消除违章指挥行为，必须深挖行为的原因。违章指挥的原因很多，环境的因素、心理的因素以及安全素质的影响等，但归根到底，违章指挥的根本原因还在于作业指挥人员的安全意识不强，没有养成遵章守纪的习惯。所以，要杜绝违章指挥，要从深层次找原因，从源头上开始防范。

为什么会出现违章指挥行为？主要有以下方面的原因。

①在安全生产的基本条件不具备的情况下强行生产，造成违章指挥。

②指挥者思想上没有实实在在地树立起安全第一的思想，没有真正做到对职工生命安全高度负责，没有正确认识安全与生产的辩证关系，急功近利，重生产、轻安全思想严重。

③安排工作时只讲结果不讲过程，在人员、材料、设备的安排与使用上，没有首先考虑安全，在安排生产计划和工作任务时，对工作现场实际情况以及可能遇到的变化缺乏细致的考虑和安排。

④班组长自身安全技术素质有限，存在着经验主义、冒险主义、侥幸、蛮干、马虎、麻痹、逞强心理等。

⑤企业在对待违章指挥造成事故上大事化小、小事化了，对工人处理得严，对"领导"避重就轻，纵容了"受保护"的特权心理，自觉不自觉地助长了违章指挥之风。

⑥员工安全业务技术素质不高，自主安全意识不强，法制意识淡薄，抵御违章指挥的能力不足，给"违章指挥"以可乘之机。

⑦安全管理制度不健全，安全管理责任没有落实到位或安全管理不科学。

找到了原因，就能对症施药，从根本上消除这样的行为，彻底杜绝违章指挥行为，全面防范因违章指挥引发的安全事故。

我们通过案例分析来说明防范措施。

某土方开挖专业分包单位和井点降水专业分包单位，在上海浦东唐镇东站东端头井32轴～34轴基坑第二道钢支撑土方，于19:00开始土方开挖施工（2台履带式挖掘机开挖，驾驶员贾某、孙某，指挥崔某）。

20:00土方开挖至临近钢支撑标高位置（第一道混凝土支撑下4.2米），其中有一根直径30厘米的疏干井管，由于作业面狭窄，需将疏干井管切割后才能继续将土方开挖至第二道钢支撑的安装标高，井点降水派人员下坑进行井管的切割，一名为降水作业人员胡某，一名为非降水作业人员王某（67岁）。

20:10靠近井点管北侧土体发生小规模塌方，将站位于井点管土方一侧的王某身体大部分掩埋，头部露出土外。

20:15在确定基坑内安全后开始派人下坑施救，4～5名工人下坑挖土对被埋人员进行救助。

20:30经过抢挖，被掩埋人王某上半身露出土体，经查验，尚存微弱脉搏。

20:35拨打120急救电话，但急救站无急救车，无车可派。

20:40拨打110电话求救。

20:45被埋者王某身体从土中全部挖出，电工立刻对伤者进行抢救，进行人工呼吸和心脏按压。

20:55左右110达到现场，并拨打120要求立刻派救护车到现场。

21:10救护车120到达，现场进行施救，但王某已无生命迹象，证实死亡。

事故的主要原因就是土方单位开挖时违章作业、违章指挥。该部位土方开挖过程中，由于作业面狭窄，专业挖土单位没有按照施工方案及技术交底的要求进行作业，按照方案和交底内容，基坑纵向放坡应进行人工修坡，放坡每层控制在1∶3，平坡面宽度不小于6米。从施工现场看，事故发生点，井点管北侧土方没有按照方案进行1∶3的放坡，导致上部土体压力过大，局部土方坍塌，将土体与井点管之间的王某埋住。指挥土方开挖的指挥人员明知纵向土体未放坡，土体存在较大的塌方隐患，仍让死者下坑进行作业，导致其被埋。另外，降水单位违章用人也是事故的原因之一。死者王某，男性，年龄67岁，安徽省人，非工地施工人员，为专业分包单位现场施工人员擅自使用，在国庆期间进入本工地，并未接受三级教育和安全技术交底培训，在下坑切割井点管时缺少必要的安全常识和自我保护意识，对存在的重大危险无法及时察觉，导致事故发生时被土体掩埋。

这起事件是一起发人深省的由于违章用人、违章指挥造成的安全事故案例。对此类事故的排查，指挥者和操作人员要注意自我检查和自我防范。如果施工单位严格按照规范要求去做，不擅自使用没经过三级教育的非专业施工作业人员，做到持证上岗，在不违章指挥的前提下，这起事故完全可以避免。

要防范此类事故，就要注重现场的安全巡视和隐患排查，特别要注意领导者和指挥者的违章指挥行为。员工更需要保持高度的安全警惕性，勇于抵制违章指挥，以安全为准则，不让违章指挥的情况发生，把事故消灭在萌芽之中。

某煤矿发生透水事故。事故发生时，井下共有36名作业工人，其中29名工人安全升井，7名矿工被困井下。事故抢险救援指挥部查明，这起事故的直接原因为当班井长违章指挥，在掘进工作面已出现透水征兆的情况下，仍然指挥工人进行作业。事故的间接原因为：擅自打开密闭，超层越界开采；在矿井周边图纸资料不清的情况下，冒险组织施工作业；借整改之机擅自组织生产；拒不执行安全监管监察部门的监察指令；驻矿监督员监督不够、不到位，对违规作业没有制止和及时报告。

许多重大事故是由违章指挥导致的。违章指挥会造成重大的后果，损失惊人。井下作业本来就危险重重，更应当注重防范，特别是指挥者在工作时更应当时时警惕，把生命安全放在第一位，从思想、意识、行为上都彻底杜绝违章指挥行为，从而避免事故的发生。

4. 人人监督，共同抵制违章指挥

反违章是一个系统工程，需要我们每一个人积极参与、共同抵制，才能全面、彻底地杜绝违章，保障安全。因为安全不仅关系到每一个员工，还关系到家庭的幸福、企业的发展、社会的安定、国家的稳定，与每一个人都息息相关。安全工作，人人有责，反违章没有任何旁观者，更没有任何局外人。人人都是反违章的责任人，不论是领导、指挥者还是普通的员工，每一个人都肩负着反违章、保安全的重任，任何人都不可能置身事外。因为置身事外，不仅害自己，也会害别人。

某公司在灰场改造施工过程中，需由厂车队将厂内直径273毫米、壁厚9毫米、10余米长的11根钢管运至厂外灰场工地。

公司领导张某及其他9人先后到达施工现场准备卸车。50-D6365号车利用现场地势坡度和管子后滑的作用，松开固定钢丝绳后，将车向前开，利用管子后滑的惯性将管子一次全部卸了下来。50-06361号车也想采用同样的办法卸车，但由于该车所处位置路基较软且有弯道，在倒车时车身向左侧倾斜，车上6根钢管整体向左侧移动了约40厘米，司机怕管子落下时撞坏车身或发生翻车，不同意再采取同样的办法卸车。后由司机白某和张某指挥将车倒至坝基上，车身恢复平稳，司机邵某提出用绳子向下拉，并提供麻绳一根，但由于麻绳被拉断而没有实施成功。又决定改用人力一根一根往下撬。解掉固定绳后，张某、赵某和民工党某先后上了车，三人同时准备用小撬杠撬管子，张某一脚踩在驾驶室顶上，一脚踩在由左向右的第五、六根管子上，指挥卸车，民工党某在车中间，赵某在车尾部，车下有人用一根长约4米，直径约50毫米的木杠插入管子尾部准备同时用力，赵某和党某站在第五、六根管子上。12时05分大家同时用力撬上边第一根管子，结果使第一、第二根管子先后落地，紧接着其余四根管子全部向左侧滚动。党某发现情况不对，随即翻身跳出车厢，赵某因身体重心失去平衡而随第五根管子掉入车下，被紧接着滚落下的第六根管子砸伤腰部。大家立即将赵某用汽车送往医院（时间为12时15分）抢救，至15时30分呼吸、心跳停止死亡。医院诊断为：创伤性失血性休克，抢救无效死亡。

事故的直接原因就是卸车作业中，并没有编制《起吊方案》及《安全技术组织措施》，现场卸车中形成的实际指挥人张某不胜任指挥工作，违章指挥，而且参加作业的10人当中，没有一个人对张某的指挥提出异议，更没有拒绝这种违章指挥作业，最终导致惨剧的发生。

《中华人民共和国劳动合同法》第三章规定，当用人单位管理人员违章指挥劳动者冒险作业的时候，劳动者是有权拒绝的，不视为违反劳动合同，而且这种拒绝是一个员工保护自己的正当利益的行为，是需要鼓励和表扬的行为。因为只有员工敢于抵制这种不安全的违章指挥行为，及时纠正违章行为，才能保证自己不受伤害，也保证他人不受伤害，这是"三不伤害"原则的要求，也是员工对自己的安全负责任的一种表现。

某乡镇煤矿露天矿场爆破时，共打炮眼8个，但装药引爆时只响了6个，剩下两个炮眼未爆。10分钟后，管理人员认为这两个炮眼是瞎炮，不会有事，即令吴某等6人进入采矿面作业。吴某等6人坚持必须排除瞎炮后才能工作，一直未进采矿面采矿。但矿领导以吴某等6人不听从命令为由要扣发当天工资和当月奖金。吴某6人只得去作业。但刚进入采矿面，瞎炮就炸了。致使两人受重伤，四人受轻伤。

这是一起典型的强令冒险作业案例。强令违章冒险作业，致使工人在未排除危险的采矿面上工作，是导致事故的主要原因。而放炮者未能及时检测和消除哑炮的危险，致使哑炮后响，是造成这起事故的直接原因，责任全在指挥者。

每个员工都有权制止任何违章作业，并拒绝任何人违章指挥；工作地点威胁生命安全或有毒有害时，有权立即停止工作，撤到安全地点。在危险没有排除，仍不能保证人身安全时，有权拒绝工作。

在这起事故中，煤矿管理人员公然违反规定，在没有排除瞎炮，工作面仍存在险情的情况下，强令工人进入采矿面作业，是极其错误的。当员工行使保护自己安全的权利时，该煤矿领导又以未完成采煤任务为由扣发员工的工资和奖金，更是错上加错。"安全第一"是生产劳动过程中必须遵循的基本原则和基本方针。但在一些乡镇小企业，领导法制观念淡薄、规章制度不落实、瞎指挥等问题存在，屡禁不止。他们只想赚钱，不改善员工的劳动条件，有的甚至连基本的劳动保护设施都没有，让员工在险情下作业，这是导致企业中发生事故的重要原因之一。对此，必须引起重视，坚决予以纠正。

安全大于天，什么事也比不上安全重要。对于违章行为，任何人都有权利而且也有义务坚决制止。有些员工认为"反违章指挥是安全监察部门和领导的事情"，与自己毫不相干。对反违章指挥缺乏主动性、积极性；也有些员工认为，多一事不如少一事，自己管好自己就可以了，睁只眼闭只眼，领导违章我就管不着了；还有员工认为，领导又没有授权，我怎么好去制止？反倒会惹领导不高兴，还会受到别人的攻击和冷眼，自己也下不了台，不如视而不见。对于指挥者或是领导的违章指挥行为，缺乏正确的态度，不敢或是不愿指出来，明知是违章指挥，也勉强服从，以至于最终害人害己，后悔不已。殊不知，这是特别错误的一种态度。只有每一名

员工不安全行为的自我识别与防范

员工都重视安全生产，具有高度的安全意识，时刻意识到自己的安全，我们才能对这种违章指挥的行为坚决拒绝并全面抵制，那么，违章指挥行为也会变得无效，也就不会造成事故，我们的安全也就能得到保障。

有一个建筑公司，其业务中有许多操作工序，其中之一就是操作起重机。有一天，该公司的起重机出现故障，送出去修理，但因为工期很紧张，就从别的单位借来一台起重机交给原来的操作员操作。操作员一看，发现这台起重机已经停用两年了，很多地方都锈迹斑斑，连钢丝绳也有轻微的损坏。

于是，他就跟部门经理提出，起重机必须先进行全面的检验，合格之后才能操作。部门经理急了："现在工期那么紧，你操作的机器坏了，给你借了一个，就是为了赶工期，你还要找有关部门检验，这不是耽误工作吗？"

但是，操作员坚持己见，如果起重机不经过检验的话就拒绝操作。部门经理更火了："你不操作我就找别人，你不用来上班了，分配给你的工作你不做。"操作员也非常硬气："我得对我自己的安全负责，即便开除我，也比出了事故强！"

经理果然找来了另一名操作工。这名操作工什么也没说，就上去操作。但这台机器毕竟停用了两年多，刚使用不到半天，就发生了塔吊故障，机械失灵，使塔吊重物掉落，幸运的是没有造成人员伤亡。

这下经理吓出了一身冷汗，再也不赶工期了，又专门向前一名操作员道了歉，并表示再也不违章指挥，让工人们涉险操作了。

可见违章指挥的杜绝，不仅需要领导者或指挥者的自觉改正，更需要每一个操作者都像前一名起重机操作工一样，坚守自己的安全底线。勇敢地抵制违章指挥行为，才能保护自己的安全，也保护工友的安全，同时也保护指挥者的安全。

而现场指挥者，更需要提高自己的安全意识，养成良好安全习惯，全面杜绝违章行为，并且在作业人员拒绝和抵制时，要有正确的态度，虚心接受别人的建议和意见，及时纠正自己的违章指挥行为，才能真正把违章行为改正过来。指挥者要做到以下方面。

①指挥者思想上要真正树立起安全责任重于泰山，违章指挥等于杀人的思想，正确认识安全与生产的辩证关系，坚决做到不安全不生产，真正做到对员工生命安全高度负责。

②提高自己的技术业务素质，加强安全技术业务学习，提高安全意识和责任感，提高按章指挥的能力，提高综合分析能力，要管什么就懂什么、就精通什么，真正杜绝违章指挥。

③对于指挥者违章指挥现象决不姑息纵容，坚决予以惩处。对因违章指挥而造成事故的要从严处理，坚决防止避重就轻，大事化小，小事化了。尤其要克服那种出现事故自下而上分析原因，然后自下而上逐级递减处分的做法。

④加强对员工的安全技术业务、安全法律法规、安全管理制度的教育和培训，提高职工抵御违章指挥的能力。

⑤建立健全安全生产精细化管理制度，安全目标分解到岗，安全责任分解到人，特别对于指挥者，要有更高的安全标准，才能使指挥者有一种紧迫感，随时提醒自己注意违章行为，杜绝违章指挥。

⑥要把违章指挥现象当作重大隐患进行排查和治理。

只有这样上下齐心，指挥者对工人高度负责，也对自己的安全高度负责，全面杜绝违章指挥行为，而作业者敢于坚守安全规章，坚决拒绝并抵制指挥者的违章指挥行为，才能真正全面杜绝违章行为，根除违章指挥，从而保证大家的安全。

5. 纠正典型违章指挥行为

违章指挥主要是领导者违章,因而违章指挥行为的纠正主要就是针对指挥者和领导者的违章行为。作为领导者或指挥者,首先要杜绝自己的违章行为,先律己,然后才能律人,先保证自己不违章,才能督促自己的员工不违章,从而全面杜绝所有人的违章行为,保证员工安全。

指挥者和领导者的典型违章行为主要体现在以下方面。

①在计划、布置、检查、总结、评比生产时,未同时计划、布置、检查、总结、评比安全工作。不能坚持安全第一,管生产时未同时管安全。

②企业内部劳动组织不合理,安全组织不健全。内部管理松懈,管理上有随意性。多工种、多层次同时作业,现场无人指挥和监护,不制订安全措施,不执行危险作业审批制度。

③设备安装不按照技术标准和规定程序进行施工、检查、验收、移交,对在检查验收中提出的问题尚未解决就擅自投入使用。安全生产责任制不明确、不落实。对自身安全职责不清楚、不落实或落实不到位。对安全监察部门和安技部门已发出停止使用通知单的设施,在未消除隐患的前提下擅自安排使用。在机电设备检修的同时,不把安全防护保险装置纳入检修计划。

④安全技术知识贫乏,不注意加强学习。不能带头遵章守纪。发现职工违章作业时不及时制止、纠正。

⑤安全措施制订不准确,缺乏针对性和严密性。安全规程、劳动保护法规实施不力,贯彻不周。

⑥分配工人工作,缺乏适当的程序,用人不当。不按规定对新工人、复工工人、换岗工人、从事特种作业的工人进行安全教育培训。指派身体状况不适应本工种要求的人员上岗。

⑦不重视安全防护措施。安全活动、安全教育、培训不认真或没有针对性。

⑧布置生产任务和技术交底时，未进行安全指令和安全措施交底，或交底不认真。审批签发安全票证不认真、不把关、走过场。在无安全生产保证措施的情况下，布置工人拼设备、拼体力、抢时间、争速度。

⑨对已发现的事故隐患，不认真及时整改，又不作整改计划，强行安排生产任务。对事故隐患的整改未落实，整改措施不到位或整改不认真、不及时。制订检修计划时未同时制订安全措施和检修方案。安排检修任务时，安全措施不完善，执行不到位。

⑩故意隐瞒事故，不报告上级。发生工伤事故，不按"四不放过"原则认真吸取教训和采取必要的防范措施，仍继续强令工人冒险作业。

这十种违章指挥行为都是要坚决杜绝的，不然，就难免会引发事故，造成重大人员伤亡和经济损失。

还有一些平常具体工作中的违章指挥行为，也是需要指挥者和员工共同注意防范的。

（1）发现工人违章不及时纠正

行为表现：如某单位领导在现场巡视时，发现一名工人高处作业不系安全带，没有立即纠正，而是返回办公室后给安监部门打电话，让安监部门前去处理。安监人员赶赴现场途中，那名工人不慎从高处坠落致伤。

纠正方法：不论是领导干部还是一般员工，所有人都有遵章守纪的义务，都有发现违章及时制止并纠正的义务。安全工作（纠正习惯性违章）人人有责，不只是安监一个部门的事。反习惯性违章没有旁观者和局外人。发现习惯性违章行为不制止，本身就是违章。

（2）不能保障工作场所的安全性

行为表现：经常在门口、通道、楼梯和平台等处存放容易使人绊倒的物料。

纠正方法：门口、通道、楼梯和平台等处，是人员行走和物料转运的必经之地。如果在这些地方放置物料，必然会阻碍通行，给工作带来不便。因此，不准在门口、通道、楼梯和平台等处堆放物料。应经常检查，发现通道等处放置物料应立即清除。

(3) 非指挥人员进行指挥

行为表现：某起重班在卸平车上的箱体时，吊钩碰到上层箱体的边缘，只好重新捆绑。这时，一名工人来到吊车前，见大家正在忙活，便跳上平车，连喊带比划，指挥司机继续绷绳。结果，发生溜绳，箱体被甩下来，他也随箱体摔到地面。

纠正方法：应讲清非指挥人员进行指挥存在的危险。非指挥人员严禁指挥。对非指挥人员进行指挥的，应立即劝阻并给予相应处罚。

除了这些典型的违章指挥外，违章指挥还有很多表现，需要指挥者和作业者齐心协力，共同努力，抵制违章行为，杜绝违章指挥行为，防范违章指挥事故。

第四章
识别违章作业,改掉不安全的行为习惯

"违章作业就是自杀",不是夸大其辞,也不是危言耸听,是从血淋淋的教训中总结出来的警示。珍惜生命,确保平安,就必须坚决改掉不安全的行为习惯,远离违章作业。

> 员工不安全行为的自我识别与防范

1. 违章作业就是自杀，事故教训触目惊心

违章作业，就是指那些违反安全操作规程或有章不循，坚持、固守不良作业方式和工作习惯的作业行为。有太多的事故由违章引起，有太多的生命因违章而逝。"违章指挥等于杀人，违章操作就是自杀"，这样的警示绝不是危言耸听，而是血淋淋的事实。纵观各类安全事故，细数起来，有几起不是因为违章违纪引起？

某矿业公司推土机工王某加油后，发现44号推土机不能启动。班长刘某检查为电瓶缺电，决定采取勾车（将另一台车的有电电瓶和缺电车的电瓶相连接启动缺电车）的方法处理。因为44号推土机靠近油库，不便操作，刘某便驾驶36号推土机在44号推土机右侧用铲子将44号推土机顶着向前行进了5米左右，这时，刘某听到油库工司某大声喊叫，就赶紧停车，停车后发现王某倒卧在44号推土机左侧履带前端地上。原来，刘某在推车前未发现王某在左侧履带后方，推车时把王某绞入履带与上方走台之间，并随履带向前移至履带前端。王某身体受到挤压受伤，送到医院抢救无效死亡。刘某违反安全确认制的规定，违章贸然动车是这次事故发生的原因之一；王某站在履带上操作，其违章行为也是这次事故的直接和主要原因。

某水泥公司生产二部包装工段巡检工孙某独自一人检查水泥自动装车机升降功能时，因违章操作，按错按钮，使原本停滞的输送带开始转动，其衣物被卷入输送带与框铁间隙，致其受伤昏迷，后经抢救无效死亡。

某煤山建材公司巡检工俞某独自一人来到原料车间库顶平

第四章 识别违章作业，改掉不安全的行为习惯

台，查看石灰石原料输送皮带下料是否通畅。因一时疏忽蹬踩在传动装置上，脚部被高速转动的液力机卷入遭打击受伤，后经抢救无效死亡。

某建材公司安全员陈某未进行危险作业审批，即带领检修人员对烧成车间窑头电收尘三电场进行检修。在未使用接地放电，未用高验电灯验电的情况下，陈某直接进入三电场，被电场内残存电流击中受伤，后经抢救无效死亡。

数不清的事故是因为违章引发，触目惊心的伤亡更是违章的直接后果！违章作业的坏习惯如同一颗随时可能引爆的炸弹，瞬间就会酿成惨祸，这就等同于一名自杀者点燃身上的爆炸物或是将锋利的匕首刺向自己的心脏，简直就是一种有意识的自杀行为！

某电厂汽机分场调速班工人马某，几次在金属容器内气焊，均未穿绝缘鞋，不垫橡胶绝缘垫，不穿焊工工作服，却没发生什么事。从那以后，他就不按安全规程的要求穿戴防护用品了。没想到有一次，他在施焊中，汗水浸湿了衣服，焊把不慎触碰到前胸，使电流通过身体接触金属导体放电，导致严重击伤心脏而死亡。

违章作业导致事故，这样的事真是数不胜数。为什么明知违章等于自杀，还是有那么多的人在违章呢？这不仅是因为他们缺乏足够的安全意识，更是因为一次违章并不一定会导致事故。要是每次违章，都会导致事故引起伤害，那就不会有人去干违章的傻事了。正因为一次不出事，两次不出事，三次、四次……多次之后就成了习惯，使行为者滋生了更多的侥幸心理，最终把自己推向自我伤害的绝路。

漠视安全就是漠视生命，违章作业就是自我伤害！拒绝违章作业才是对生命的尊重和敬畏，才是对自己的珍惜和爱护，才是对安全的责任和态度！一时的疏忽，带来的却是生命的终结！为了一时的方便减少工时，却把自己的生命当儿戏，终究尝到了痛苦的滋味，只是这时已经晚了。可

见，违章作业真的和自杀没有两样。只不过自杀是万不得已时作出的最无奈的选择，而违章则完全是将自己的生命当成了儿戏！一个尊重和敬畏生命的员工，一个爱惜生命爱惜自己的员工，一定不要成为一个因违章作业而向自己"痛下杀手"的人。

安全规章和操作规程都是用无数的鲜血写成的，不需要我们每个人再用鲜血去验证。所以，珍爱自己、珍爱家人的员工，一定要纠正违章行为，消除事故隐患，防范事故发生，保证自己的安全。

2. 严守操作规程，培养标准化作业行为

所谓安全操作规程，就是员工在操作时必须遵守才能保证安全的具体操作措施和步骤。安全操作规程是经过严密、科学的研究和无数的实践之后确立的、保证岗位安全的最有效的文件。安全管理上有一句口号："安全规程是用血写成的，不必再用血去验证"，清楚地说明了安全操作规程的重要性和科学性——安全规程是经过无数人的鲜血才换来的经验总结，不按照安全规程来操作，安全事故迟早会发生，万不可抱着侥幸心理。

18时10分许，某市装配厂机动科机修站画线钳工吕某，在操作台钻加工工件的过程中，在未停机的情况下，戴手套清扫工件铁屑，被旋转钻头上所带的铁屑挂住右手无名指，将右手无名指缠绕在钻头上，造成右手无名指两节离断事故。

造成这起事故的直接原因，是钳工吕某严重违反操作规程，在未停机的状况下戴手套清扫工件铁屑。造成事故的间接原因，一是机修站安全管理不严，对安全操作规程和岗位安全教育落实不够；二是对习惯性违章行为纠正不力，处罚不严。

对于机械加工、化工、煤矿、建筑施工等一些必须严格按照操作规程操作才能保证作业安全的行业，更需要严格按照安全规程来工作。比如要确保钻削加工的安全，操作者在操作钻床（包括台钻）时应遵守安全规程，包括：工作中严禁戴手套；钻头上缠有长铁屑时，要停机后清理，用刷子或铁钩清除，严禁用手拉。这起事故的发生，主要是操作者严重违反这两项规定的结果。实际上这些规定不仅仅是规定，也是安全生产常识，戴手套操作钻床，手指容易被卷入造成伤害；停机后用刷子或铁钩清除铁屑，是为了防止手被划伤。如果岗位员工不能严格地按照这些规程来操作，事故也就在所难免。

某塑料厂发生一起粉碎工因严重违章造成的断指事故，事故使一名23岁的青年工人彭某变成残疾人。该塑料厂有一道原料粉碎工序，就是将废旧薄膜纸塞入粉碎机，打碎成细屑的过程。工作时，粉碎机60厘米深的入料口是绝对禁止将手伸入的，只能用木棒将原料塞进入料口。厂里同时明文规定操作人员不得戴手套，这是为了防止手万一被卷入粉碎机后，能够及时取出。粉碎工彭某入厂后一直从事原料粉碎工作，他技术熟练，工作积极肯干，深得领导和同事的好评。

第一天，厂安全员发现彭某工作时，为图省事用手送料，立即对他进行了严厉的批评，责令其立即改用木棒送料。但年轻气盛的彭某不以为然。第二天，彭某一人当班，因天气寒冷，他从别处弄来一副手套戴在手上。8点50分，当他用右手将一大团薄膜纸塞入粉碎机时，潮湿的薄膜纸吸住了他的手套，还未等彭某将手抽出，锋利的刀片就将他的手套连同手指齐刷刷地削掉。造成这起事故的直接原因，是彭某严重违反安全操作规程，并且不听从安全员的纠正，结果造成事故，悔恨终生。

机械粉碎作业与冲、剪、压机械作业有许多共同点，具有操作简单、动作单一的特点。我国目前各企业所用的此类机械大多安全性能较差，自动化程度（机械手送料）低、机械化作业（自动连续进料）少，大多数作业需要操作人员的双手送料，所以与一般设备相比危险性较大，事故发生率也较高，尤其是一些个体私营企业、乡村加工企业，事故发生率更高。从表面上看，由于机械粉碎作业与冲、剪、压机械作业操作简单，对技术水平要求不高，只要简单知道如何操作就能加工出工件，因此其安全问题往往被忽视。但实际上，由于此类机械的危险程度高，操作人员如果没有熟练的操作技术和安全意识，并且严格遵守安全操作规程，就难以保证其操作的安全。

"操作规程是个宝，安全生产少不了"，安全规程是安全生产的保护神，因而必须严格遵守，无条件遵守，坚决执行，才能保证我们的安全。对于违反安全操作规程的行为，更需要坚决制止，及时纠正。以下是常见违反安全操作规程的行为。

①物品摆放不符合定置定位要求，工作结束后，现场不清理。
②未经批准，动用了不是自己分管的设备、工具。
③检修设备时安全措施不落实，就开始检修。
④检修结束后，未将临时拆除的安全装置和设施复位并恢复正常。
⑤停车检修后的设备，不认真检查就启用。
⑥不清洗不置换，或动火分析不合格盲目动火。
⑦在易燃易爆场所，使用非防爆照明器材。
⑧不清除周围易燃物就动火。
⑨动火作业时没有消防后备措施。
⑩用关阀门、加水封等来代替加盲板等作隔绝方法。
⑪使用氧或富氧气体进行置换和通风。
⑫进入容器内作业，未进行置换、通风。
⑬进入容器内作业，未按时间要求进行安全分析。
⑭用动火分析代替安全分析。
⑮进入容器、设备内作业，容器外未设监护人或监护人不坚守岗位。
⑯进入容器、设备内作业无抢救的后备措施。
⑰无证、无令开车。超速行车、空挡溜车。带病行车。人货混载行车。超标装载行车。
⑱无阻火器车辆（包括助力车）进入禁火区。

⑲电气操作时，未使用绝缘工具。
⑳用湿手、油手或使用工具拉、合电气开关。
㉑机电设备检修时，在配电开关处不断电或不挂警示牌。
㉒进入机械设备内检修运转部件不设人监护或未采取重复断开动力源措施。
㉓跨越正在运转的机轴（如皮带运输机）。
㉔在易燃易爆区域防腐防锈作业，用铁器敲击管道、设备等。
㉕起重作业，违反"十不吊"。
㉖在未经检查合格的脚手架或梯子上工作。
㉗高处作业时未使用绳索或专用工具袋传递工具、材料或上下运物。
㉘从高处往下扔东西。
㉙未经许可开动、关停、移动机器。
㉚开动情况不明的电源或动力源的开关、闸、阀。
㉛开动、关停机器时未给信号。
㉜开关未锁紧，造成意外转动、通电或泄漏等。
㉝奔跑作业。
㉞超限（如载荷、速度、压力、温度、期限等）使用设备。
㉟工件紧固不牢。
㊱手代替手动工具。
㊲不用夹具固定、用手拿工件进行机加工。
㊳在绞车道或行车道上行走。
㊴攀、坐不安全位置（如平台护栏、汽车挡板、吊车吊钩）。
㊵在起吊物下停留、作业。
㊶机器运转时进行加油、修理、检查、调整、焊接、清扫等工作。
㊷攀登脚手架、井字架、龙门架和随吊盘上下。
㊸使用汽油等易燃液体擦洗机动车辆、设备、工具及衣服等。
㊹站在正面，使用会产生飞溅硬物的打磨器具。
㊺在转动机件上放置物件。

要保证安全操作，员工就一定要坚决杜绝这些违反操作规范的行为，保证安全操作，才能有效地预防事故的发生。经常对照这些违章违纪行为，自检自查，自纠自改，树立反违章的安全意识，全面杜绝违章行为。

3. 避免经验主义，减少误操作发生

在工作中我们常常会发现，很多员工违章违纪竟然是因为"经验"，因为"我们一直都是这么做的""这样做没有什么问题""以前我们这样做都没有发生过问题"，于是奉经验为圭臬，只认经验不认其他。

但是，经验真的这么可靠吗？

王安石是中国北宋著名政治家、思想家、文学家、改革家，唐宋八大家之一。作为一代伟大的文学家，他不仅喜欢写诗也喜欢改别人的诗。

有一次，王安石看到一位学生写的一首诗，整体都还不错，只不过其中两句貌似很不合常理："明月当空叫，黄犬卧花心"。王安石看后不觉发笑，心想："明月"怎么会叫？"黄犬"怎能卧于花心上呢，于是他提笔改成"明月当空照，黄犬卧花阴"。王安石不愧大师的称号，随便这么一改，不仅对诗本身的押韵与对仗一点也不影响，而且还洗清了原作所带有的那一点不客观的"嫌疑"，因此他甚是得意。

后来，他游历到南方，发现南方有一种鸟叫"明月"，喜欢在天空飞舞而且叫声婉转动听；而恰巧也有一种昆虫叫"黄犬"，常在花心处来回爬动吸采花蜜。这下子他才明白，原来那两句诗是对的，而他却全凭经验就"自命不凡"改了人家的诗，其实是给人家改错了。

明代冯梦龙在《警世通言》里还记载了王安石的另一则故事，说的也是经验。

有一天，苏轼到王安石那里拜会，恰好他不在，苏轼在王安石的书桌上看到了王安石一首还未完成的诗："昨夜西风过园林，吹落黄花满地金。"苏轼就想，西风吹菊，哪会掉落？谁不知道秋菊敢傲秋霜，最能耐久，就是干枯，也不会落瓣，哪会被吹落满地金？这不是为了写诗故意颠倒事实吗？于是，就在后面写到，"秋花不比春花落，说与诗人仔细听。"

王安石回来后看到，没有说什么。后来苏轼被贬到黄州，待到菊花开的时候，苏轼看到一阵秋风吹过，菊花落了一地，这才知道菊花真的是可以被吹落满地金的，自己想奚落别人无知，真正无知的还是自己。

可见，经验并不一定可靠，一味地依靠经验来判断是非对错难免会犯经验主义的错误。玩玩文字游戏至多会沦为笑柄、贻笑大方，但在安全上，只靠经验主义，无疑会出大错，甚至可能会付出生命作为代价。

社会各行各业犯经验主义错误的现象屡见不鲜，因为经验主义发生惨痛事故的教训也比比皆是。比如每年因为游泳淹死的人不在少数，而且往往是那种水性很好的老手，归根结底还是没做好安全措施，太过于依赖经验，过分自信和心存侥幸。

与经验主义为伍、藐视安全隐患的客观存在是滋生大事故的温床。在日常工作中，经常会遇到这样的情况：当安全检查人员指出存在的安全隐患和安全问题时，很多人总会不屑一顾地说："这么久了一直都是这种状况也没有出现问题，你来了就发现问题了？"殊不知，很多安全问题没有暴露也是一种最大的隐患。从来没有发生过安全事故，习惯就成了自然，这种自然而然的违章就是安全最大的隐患。须知"经验主义"并不可靠，片面地认为原来不出事以后也不会出事，只是自己的一厢情愿。"一次违章或许不会出事，但次次违章必然会有一次出事"，这才是残酷得让人脊背发凉的真相！所以经验主义是靠不住的，把"经验主义"当成赌注赌上自己的生命和安全，最终只会输得一败涂地，成为"经验主义"的牺牲品。

例如，有过事故经历的人对规章就特别认真；刚参加工作的人因不谙深浅而表现出特有的谨慎；而一些自认为经验丰富技术老到的人则往往表现出不应有的懈怠。这就是我们平时所说的经验主义。一些人总认为自己在同一个行业或者岗位很长时间，既了解工作性质，也掌握了操作技术，所以工作起来不甚用心，导致一些不必要的事故发生。即使是同一个人，在不同时间、场合、条件下，在不同的心境、情绪、疲劳程度下执行规章的认真程度也难免有所不同。一不小心或是稍稍疏忽，就有可能引发大的事故，伤人伤己。

除了经验主义是违章操作的重大隐患，误操作同样危险万分。

所谓"误操作"，也就是错误性操作或失误性操作。人对事物感觉与反应的"模糊"性，是人们在生产、生活中产生错误的重要根源。如听错调度命令，误解操作内容，誊错操作工作票，写错设备编号，看错设备名称等错误，或者在获得、传递、复制有关信息过程中产生误差，都有产生误操作的可能。有时由于责任重大、精神高度紧张，或是因为外界干扰、知识不够，自信不足时，都有可能发生误操作行为。而且由于员工的经历、经验、技术水平和思想素质的不同也会在执行同一个命令时表现不同。

福建省某人造板公司切片车间因切片机输送螺旋叶脱焊断裂，在同一车间相隔7米左右的提升机也发生故障，于是机修车间梅某与跟班机修工苏某一起前往切片工段，在当班操作工蒋某的配合下，分别对该车间设备进行抢修。18时左右，苏某进入输送螺旋槽内，低头专心焊接脱焊断裂部位，梅某抢修提升机。由于上下不方便，由蒋某配合按提升机电钮开关（提升机和切片螺旋控制电钮按键并排安装）。因蒋某操作疏忽，误按动切片螺旋控制电钮，离配电盘正面仅2米正在进行电焊作业的苏某双腿被螺旋叶卷入，与此同时1台提升螺旋杆手拉葫芦随着螺旋拉力从约2米高度落下砸在苏某左腹部。在苏某惨痛的呼救声中，蒋某还蒙在鼓里，走近切片螺旋输送槽一看，方才意识到自己按错按钮，随即返回关闭电源，但为时已晚，苏某因伤势过重，经抢救无效死亡。

苏某属跟班作业机修工，未经培训无证上岗；从事电焊作业，配电盘按钮标志不清；人员进入螺旋输送槽，未通知电工切断电源线，也未悬挂"检修作业，请勿合闸"标志，没有防范措施，是造成这起事故的主要原因。切片工段当班操作工蒋某，在配合抢修过程中，未尽监护职责，工作马虎，思想麻痹，将切片螺旋机电钮误当成提升机电钮按动，是造成这起事故的直接原因。

只要上岗，只要操作，就一定要提高安全意识，工作时集中注意力，遇事不慌乱，临危不糊涂，全面减少误操作的发生，杜绝误操作事故，才能保证安全。

还有一种误操作正是从经验出发导致的。这一类的误操作更需要严加防范。

2011年9月7日，一架雅克-42型客机从雅罗斯拉夫尔市机场起飞不久后坠毁，机身解体，一部分碎片掉入伏尔加河中，造成44人死亡。机上搭载的乘客主要是俄罗斯著名的雅罗斯拉夫尔火车头冰球队成员。俄罗斯媒体报道，俄罗斯国家间航空委员会公布的调查结果认定，俄雅罗斯拉夫尔空难主要是人为操作失误导致。

俄罗斯国家间航空委员会技术部负责人发言说，失事的雅克-42型客机起飞前状态良好，机上电子系统运转正常。飞机坠毁主要是飞机在起飞时和起飞后一系列的人为操作失误所导致。客机起飞时低于规定时速。爬升时，一名驾驶员误踩制动踏板，导致客机冲向地面。

这是一起由误操作引发的重大事故，之所以发生误操作，是因为飞行员依赖过去的经验，却导致了错误性操作。很多员工工作时都会有这样的想法：自己对这一工作操作了几年甚至几十年，不会出任何差错，更不存在技术问题。但也正是因为有这样的想法，才让他们在工作的时候注意力不集中，导致事故的发生。

错误操作事故的危害有时甚至远远高于违纪违章,因为误操作不是违章,而是任意而为,有时引发的事故是前所未有、前所未见的,连救援都无从下手,其损失更是无法估量。可见误操作对于员工保证岗位安全而言,是一只拦路虎。要保证岗位安全,必须先除掉这只拦路虎才行。

员工防范误操作,首先要加强安全技能教育和培训。安全技能教育包括作业技能、熟练掌握作业安全装置设施的技能,以及在应急情况下,进行妥善处理的技能。

一要进行大量相同的操作。这要求安全生产技能的教育实施主要放在"现场教学",经过实际操作以达到熟练的要求。

二是进行标准化作业。这也是预防误操作的有效方法。标准化作业就是对每道工序、每个环节、每个岗位直至每项操作都制定科学的标准,全体员工都按各自应遵循的标准进行生产活动,各道工序按规定的标准进行衔接。实行标准化的目的,是要统一和优化生产作业的程序和标准,求得最佳的操作质量、操作条件、生产效益。采用标准化作业,是一项从根本上保证职工在劳动过程中安全和健康的重要措施。

三是提升自我安全意识,时时刻刻把安全放在第一位,高度警惕,全神贯注,减少误操作的发生。同时还在做好工作中的联系确认,多沟通,多联系,避免意外发生。

4. 采矿行业习惯性违章行为识别

习惯性违章行为,是指那些在人们身边经常发生、习以为常、不符合有关安全规定或规程的行为。这是一种长期沿袭下的违章行为,不单单是一个人所犯的错误,有可能是一个和多个群体,或者一个班组的日常作业习惯。

习惯性违章行为最明显的特点是群体性。习惯不仅仅是出现在一个个体身上，当这种习惯潜移默化影响了一个班组、一个车间甚至一个企业，事故发生的概率加大，危害倍数势必呈直线上升！慢慢地，所有生产者把违章当作习惯普及，看到的都是一样的行为，就麻木了，习以为常了，必然会失去警惕，违章作业行为就如一个定时炸弹埋在我们员工的身边，后果不堪设想！

某煤矿发生一起运输安全事故。事故涉险人数18人，其中死亡15人，受伤3人。初步查明事故原因系违规操作，矿车坐人且人货混装。当时该矿换班之后，18名矿工乘坐8节长的矿车沿着28度坡度的坑道下井，其中2节车厢载货，6节载有矿工，矿车下到150米左右时，载有矿工的6节车厢脱钩快速下行。3名被甩出矿车或自行跳出矿车的矿工受伤生还，其余15名矿工遇难。

另一家煤矿发生透水事故，造成当班采煤班组的9人死亡，4人失踪。发生的直接原因，是这个煤矿在运输上山及井下多处作业面已出现明显透水预兆的情况下，当班班组未采取撤出人员和排除水患等有效措施，仍违章安排工人在水害威胁区域作业，最终老窑积水压碎运输上山掘进工作面左帮煤壁，溃入井下导致事故发生。

某煤矿采煤点发生瓦斯窒息事故，造成10人死亡4人受伤，事故发生的直接原因是该非法采煤窝点为独井开采，无通风设施，井下班组无风作业，作业人员缺氧窒息，而且班组没有安排适时自救，造成重大伤亡。

采矿行业为高风险行业，作业环境较差，作业风险很高，如果不能严格按照安全规范操作，存在违章违纪行为，安全事故就几乎不可避免。所以，采矿行为尤其重视违章违纪行为的识别和消除。特别是习惯性违章行为，更是采矿行业安全管理的重中之重。所以，每一个员工都必须要有严守安全规程、杜绝习惯性违章操作的意识，坚决杜绝违章作业，以保证安全。

采矿行业习惯性违章行为很多，员工要对照识别，全面杜绝。下面是常见四百多种采矿业习惯性违章作业的具体描述，员工不妨对照改善和消除。

(1) 采矿行业习惯性违章行为

①上班迟到、班前会上睡觉。

②酒后入井。

③穿化纤衣服下井。

④携带烟草、明火入井。

⑤下井人员携带手机或其他电子物品。

⑥不执行入井检身制度。

⑦工作服衣袖不系扣，头灯、自救器斜背在肩上。

⑧戴安全帽不系带，上下班途中手拿安全帽，井下作业地点休息时取下安全帽当坐垫。

⑨井下作业时，私自拆卸矿灯自救器。

⑩不遵守乘车候车、架空乘人车制度，互相嬉戏打闹，故意上下左右摆动，携带超长超重物件乘坐架空乘人车。

⑪多人拖、拉一个猴车，抢占猴车，或用猴车拖、运超重工具或设备。

⑫不遵守猴车制度，人车未到在大巷两旁候车。

⑬人车未停稳上下车，从非行人侧上下车。

⑭上下人车，不走人行道，从车辆连接处穿过。

⑮违规走大巷。

⑯扒、蹬、跳车。

⑰乘坐人车时不排队或插队。

⑱乘坐人车时，不关车门或互相嬉戏打闹。

⑲乘车时横七竖八乱躺，或将身体、携带物件伸出车外。

⑳乘坐电机车机头。

㉑井下 2 人及以上行走不排队。

㉒在井下巷道行走时，走道心。

㉓无证上岗或持过期证上岗。

㉔睡岗、脱岗、空岗。

㉕跨转载机、皮带机，不走行人过桥。
㉖敲帮问顶不使用专用工具。
㉗用过的棉纱、布头不用铁桶盛装，乱扔乱放。
㉘人为损坏材料、设施，或将材料乱扔乱放。
㉙不现场交接班。
㉚早出井、等消卡。

(2) 采煤专业习惯性违章行为

①不使用乳化液自动配液装置。
②乳化液泵站长流水。
③乳化液配比浓度不达标。
④加设乳化液后不使用折射仪检测配比浓度。
⑤人员进入采空区作业。
⑥不执行敲帮问顶制度。
⑦有伞檐不处理而继续施工。
⑧安全出口不符合规程规定，继续组织生产。
⑨液压单体支柱钻底量超过规定时，不及时穿靴。
⑩单体支护不规范，不垂直顶板。
⑪两巷超前支护段支护数量不够或不采用放倒措施。
⑫超前柱未连接或连接不合格。
⑬液压支架端面距、错差超过规定。
⑭支架不接顶，初撑力不达标。
⑮采煤机开机不开水，停机不停水。
⑯采煤机开机时带负荷。
⑰采煤机开机时不发警报，停机时不闭锁。
⑱采煤机停机时滚筒不落地。
⑲采煤机开机前不巡视采煤机周围，未确认机组转动范围内有无人员及障碍物就开机。
⑳采煤机内外喷雾不能正常使用，继续割煤。
㉑采煤机不挂瓦斯检测仪。
㉒割煤时采煤机前方支架伸缩梁或护帮板未收回或收回不及时。

㉓跟机拉架时，架前、架间、支架附近有人作业，盲目拉架。
㉔采煤机割煤时留顶底煤或割顶底板。
㉕采煤机割煤时顶底板割不平或出现台阶。
㉖端头割煤时，工作面和顺槽顶、底板过渡段未割平缓、不衔接。
㉗采煤机割煤后拉架跟不上，护帮板打不到位。
㉘采煤机停机后，手把不打到零位，不切断电源。
㉙移架、顶溜后，支架手把不及时回位。
㉚移架过程中不开架间喷雾。
㉛移架后不升紧支架。
㉜推溜时刮板链弯曲度过大，溜子推移步距不一致。
㉝推移工作面输送机时，该区段煤壁侧有人作业。
㉞拉移运输机头时，不用液压缸，而用单体柱顶移。
㉟两端头提前移切顶密集和回梁回柱。
㊱人员用手直接清理电缆夹中间的煤块。
㊲人员进入机道或跨越运转设备时，不停机闭锁。
㊳转载机、皮带机、输送机不报警。
㊴转载机、皮带机、输送机司机在设备运行状态下处理堆煤和浮煤。
㊵输送机、转载机搭接不合理，造成拉回煤。
㊶拖移转载机时，施工人员站在危险范围内。
㊷输送机运行时，人员站在煤帮处联网。
㊸输送机出现卡矸石、卡大块煤时，不及时停机处理。
㊹机头机尾维护时，运输机、转载机等设备不停机闭锁。
㊺输送机机尾无防护板，转载机未封闭。
㊻停机检修时，不闭锁运输机，不断开隔离开关及离合器。
㊼切链时，不使用紧链器。
㊽溜子运行中处理漂链。
㊾注油时，不使用过滤器。
㊿检修系统管路时，不停泵。
㉛更换支架液管后，U型销子插不到位或使用单腿销、异形销。
㉜更换液压原件时未释放管内压力或释放方法不正确。

(53)检修支架时未关闭截止阀或未泄压。

(54)更换截齿不闭锁采煤机。

(55)人员登上滚筒更换截齿。

(56)液管跑、冒、滴、漏不处理。

（3）掘进专业习惯性违章行为

①打眼、架棚及维修巷道时单人作业。

②人员进入空顶作业。

③用钻机打眼时，钻杆前方或两侧有人员作业。

④骑在风钻上打眼。

⑤干打眼。

⑥戴手套扶钻杆。

⑦打眼、装药平行作业。

⑧炮眼数量、周边眼间距与规程不符。

⑨不执行“一炮三检”和“三人联锁”放炮制度。

⑩放炮前后，不洒水冲尘。

⑪炮眼封泥长度不够或使用炭块、煤粉做炮眼封泥。

⑫放炮警戒距离不够或不使用警戒绳。

⑬使用高压液冲炮眼处理瞎炮。

⑭火药箱内有火药不上锁。

⑮装药不使用专用炮棍。

⑯利用残眼装药放炮。

⑰放炮时不对工作面设备、电缆采取保护措施。

⑱坐在炸药、雷管箱上。

⑲工作面迎头排水不及时造成积水。

⑳顶板淋水不搭设防雨棚，造成电器设备浸水。

㉑巷道贯通时不按规定加强支护。

㉒综掘机开机前不发警报，未确认两侧及前方人员是否撤离。

㉓综掘机照明灯不亮。

㉔综掘机司机开机时未及时开启喷雾，并佩戴防尘口罩。

㉕综掘机机身不挂瓦斯报警仪。

㉖开机掘进时不及时开启除尘风机。
㉗综掘机除尘风机不能使用，不及时处理继续组织生产。
㉘综掘机割到顶、底板产生火花。
㉙综掘机司机不按规定切割程序割煤，超挖、欠挖严重。
㉚人员站在综掘机上，摆动综掘机。
㉛割煤时，综掘机司机将身体的部位伸出操作台。
㉜综掘机停机后不使用停机闭锁按钮。
㉝综掘机停机时，截割头不落地，不上防护罩。
㉞综掘机在不闭锁状态下换截齿。
㉟综掘机停机后，不断开电源，隔离手把不打到零位。
㊱交接班时综掘机不停机，切割头不落地。
㊲综掘机割煤后退机达不到规定距离。
㊳机掘工作面割完煤后不进行敲帮问顶，直接进入工作面作业。
㊴掘进过程中，不按作业规程施工，超控顶作业。
㊵留有伞檐，不及时处理。
㊶工作面出煤不彻底的情况下，打注顶锚杆、锚索，致使锚索机未能立直，锚杆角度不正确。
㊷掘进巷道顶、帮锚杆同时打注或先打帮锚杆后打顶锚杆等跨工序作业。
㊸不及时移前探。
㊹未及时紧固锚杆。
㊺少使用锚固剂降低支护质量。
㊻锚杆打设间排距超过规程规定范围。
㊼锚杆不及时紧跟工作面，超循环作业。
㊽未按规程规定进行联网。
㊾私自锯锚杆、锚索，降低支护质量。
㊿锚索不及时涨拉。
51缺锚杆、锚索不及时补打。
52不合格及失效锚杆不及时补打。
53耙斗机无支撑腿子或安设不牢固继续使用。

(54)耙斗机护网不全、钢丝绳不完好的情况下开机作业。
(55)开机前未确认耙斗机周围人员是否撤离。
(56)耙斗机司机开机时未及时开启喷雾。
(57)耙斗机运行过程中人员出入工作面。
(58)耙斗机钢丝绳有磨损断股仍继续使用。
(59)耙斗机停机后，开关不闭锁。
(60)耙斗不使用楔形销子。
(61)耙斗机导向滑轮挂在起支护作用的锚杆或桁架上。
(62)工作面拌料时，无比例或干拌料。
(63)喷射砼前不冲洗受喷面或冲洗不干净。
(64)巷道支护不达标，就进行喷浆。
(65)喷浆作为临时支护时，喷浆厚度小于 3 厘米。
(66)喷浆时不使用除尘风机。
(67)喷浆时不戴防尘口罩。
(68)喷浆时不使用净化水幕。
(69)喷浆不开喷雾。
(70)喷浆料管堵塞后，处理喷浆料管时喷头对人。
(71)初喷厚度不够。
(72)喷浆厚度不够，一次成巷不达标准。
(73)架棚支护接顶构木松动。
(74)架棚出现前仰、后翻、顺肩、射箭不及时处理。
(75)开皮带不打信号，开动设备时不进行点动。
(76)皮带、溜子司机躺、卧、坐。
(77)溜子地锚松动继续开机。
(78)皮带、溜子运行期间，人员不走过桥跨皮带、溜子。
(79)水煤上皮带。

（4）机电专业习惯性违章

①一人开多部设备。
②不发信号或信号不清晰就随意停开皮带、溜子等设备。
③机电设备不按规定注油，注油时不用注油器。

④用铁丝代替专用销子。
⑤带电挪移电气设备。
⑥不按规定试验各种保护装置。
⑦接地板连接处用普通螺栓代替镀锌螺栓。
⑧高压作业时,不使用绝缘用具。
⑨不执行停送电制度,强行送电。
⑩检修设备时开关不打到零位、不闭锁。
⑪设备检修时,不挂接地线。
⑫检修机电设备时,不执行停电挂牌,而约定时间或传话送电。
⑬检修电气设备时,不使用瓦斯检测仪测瓦斯。
⑭检修电气设备不验电放电。
⑮打开接线腔、设备防爆盖试送电。
⑯电气设备检修、拆、接火单独操作。
⑰拆卸开关时,随意切割电缆。
⑱通信、信号电缆与高压电缆混挂在一起。
⑲用铁丝吊挂电缆。
⑳带电整挂电缆。
㉑用铜、铝、铁丝等代替保险丝。
㉒机电设备甩保护。
㉓机电设备保护不灵敏继续运行。
㉔机电设备失爆不处理。
㉕电机启动不起来时,把开关整定值调大。
㉖人员在电缆、电气设备上坐、卧。
㉗井下带电电缆盘圈存放(采煤机或机组拖曳电缆除外)。
㉘非专职电气人员擅自操作电气设备。
㉙电气设备出现故障,在开关上开停。
㉚疏通煤仓口时,不系安全带。
㉛设备连接处的连接螺栓松动不及时紧固继续使用。
㉜皮带跑偏不处理,别破板或锚杆运行。
㉝皮带机尾无防护栏。

第四章 识别违章作业，改掉不安全的行为习惯

㉞更换托辊不停皮带。

㉟处理护皮、挡煤板、清扫器不停皮带。

㊱皮带运行过程中清理皮带机尾或底皮带下的浮煤、堆煤。

㊲使用非专用皮带运送物料。

㊳做皮带接头不松跑车，用导链强行合口。

㊴起吊设备使用不完好的吊具。

㊵起吊设备不使用专用吊环，而挂在起支护作用的锚杆或桁架上。

㊶起吊大链连接环未上螺栓。

㊷起吊设备选用的手动葫芦载荷能力小于所吊设备重量。

㊸起吊重物捆绑不牢固，重心偏移继续起吊。

㊹起吊重物时，人员在重物下方或吊臂下方或重物运行前方停留。

㊺抬重型设备使用铁丝捆绑。

㊻电、氧焊前未对作业区域洒水，并配备灭火器、洒水软管。

㊼电、氧焊时未使用不燃性材料承接火星。

㊽电、氧焊完毕未及时清理现场并再次洒水，未按要求留人看守。

㊾氧焊作业时，氧气瓶、乙炔瓶放置安全距离不够。

（5）运输专业习惯性违章行为

①电机车司机不穿胶靴。

②肩扛长柄工具在架空线巷道行走。

③电机车司机驾驶电机车不关车门。

④电机车司机起步、停车不鸣笛。

⑤电机车带病运行。

⑥电机车会车不减速、不鸣笛，大巷弯道、交叉点不减速。

⑦电机车司机超速行驶，闯红灯。

⑧机车反向行驶不换弓。

⑨运行车辆不使用尾灯或尾灯不亮。

⑩电机车急停急开。

⑪顶车无人监护。

⑫用机头长距离顶运物料。

⑬绞车司机单手操作闸把，或一手操作，一手拔绳。

⑭绞车司机在绞车出绳方向与轨道中线不一致时，用破板拨绳。

⑮机车运行时司机将头或身体探出车外。

⑯司机离开座位时，不取下控制手把。

⑰司机离开座位时，关闭车灯。

⑱斜坡行走时，不走人行道，在巷道中间行走。

⑲违反"行车不行人"规定，巷道有人行走时开绞车。

⑳提升运输时用摆灯或喊话作信号。

㉑斜坡提放车时不按规定挂保险绳。

㉒斜坡不带电放车。

㉓斜坡"一坡三档"不全。

㉔斜巷运输时，钢丝绳打结拉车。

㉕斜坡提放车后不能及时关闭阻车设施。

㉖在运输作业时，由于抓车器灵敏可靠，放车速度较快，抓车器容易起作用；或人为卡住抓车器，阻止常规动作。

㉗拉系列车不及时打好阻车设施。

㉘绞车运行期间，人员跨越钢丝绳。

㉙绞车钢丝绳插接长度不符合规定继续使用。

㉚大绳钩头鸡心环和绳卡不完好、不齐全拉车。

㉛绞车护绳板没有或未固定可靠拉车。

㉜绞车闸皮无拉杆用铁丝代替。

㉝绞车地锚松动不及时处理。

㉞绞车余绳不够。

㉟绞车缠绳混乱。

㊱使用绞车运送物料拐弯时不使用导向轮矿。

㊲挂车数量超规定。

㊳挂车不用专用销子。

㊴站在道心推车。

㊵车辆停放不设阻。

㊶拉放车物料捆绑不牢。

㊷运输超宽、超高、超长、超重物料不用硬连接。

㊸野蛮卸车或利用惯性卸车。

㊹在巷道卸车时，用木楔打眼，不使用“铁马”。

㊺用破板等物料作为临时挡车器，不使用“铁马”。

㊻机车进入停车站不停在指定位置断电。

㊼检修电机车、矿车及人车时，行车起吊后不支垫。

㊽两机车或两列车在同一轨道、同一方向作业行驶时，距离太近。

㊾列车运送人员时附挂物料车。

㊿拉人车运送人员时，超员乘坐。

(51)大巷作业不穿反光背心。

(52)井下维修架空线时，不停电。

(53)架空线作业时，挂接地线不规范。

(54)架空线分区段停送电时，未在该段分区开关挂停电牌。

(55)井下抢修矿车更换轮对时，未停掉该区段架空线电源。

(56)井下电气设备停电时未按要求从低压到高压逐级停电，越级停电。

(57)停车超过警冲标、压在道岔上停车。

(58)信号使用不按规定，人工喊号。

(59)车未停稳就摘钩头，蹬车摘挂钩。

(60)一次推多辆矿车。

(61)调向滑轮受力方向内侧有人。

(62)人力推车间距保持不够。

(63)大巷用钢丝绳套代替三环链连接车辆“一通三防”专业习惯性违章。

(64)区队长、技术队长、班长下井不带便携式瓦斯检测仪。

(65)瓦检员不在规定地点交接班。

(66)瓦检员一人多面。

(67)瓦检员不随身携带瓦斯检测探杆。

(68)瓦检员不按规定清洗气室或不在规定地点对零。

(69)瓦检员不按循环图表检查瓦斯。

(70)瓦检员漏检，不认真填写牌板，不及时填写瓦斯检查图表。

(71)对高冒出瓦斯区域，瓦斯检查有少检漏检现象。

(72)瓦斯超限，瓦检员现场未严格按规定制止队组作业。

(73)瓦检员不在工作面瓦斯较大区域检查，却在进风区域、风流较小地点蹲坐。

(74)瓦检员不执行“三员两长”循环制约制度。

(75)瓦检员班评估不按规定程序操作，存在应付、不认真、弄虚作假行为。

(76)瓦斯检查牌板距迎头距超过规定。

(77)擅自进入不通风巷道或无措施进入盲巷。

(78)风筒距工作面超过规定。

(79)风筒有破口、接口不严未及时处理。

(80)风筒不按标准吊挂。

(81)风筒穿过风门时不使用皮带衬垫保护。

(82)风筒工站在综掘机上或风水管上接风筒。

(83)风筒工接续风筒时不敲帮问顶。

(84)风筒拐弯时没有用专用风筒。

(85)风水管、电缆、支架等挤压风筒不及时处理。

(86)从成束电雷管中生拉硬拽单个雷管。

(87)擅自剪用雷管脚线造成雷管报废。

(88)放炮时炮线长度不够。

(89)炮线有破口不及时处理。

(90)炮线不用时不进行短接。

(91)炮线吊挂不避开导体。

(92)火药乱扔乱放。

(93)放炮员工作面放炮连线时不随身携带发爆器。

(94)在工作面做引药。

(95)作引药不使用竹签。

(96)在机电设备、导电体附近、人员集中地方装配引药。

(97)注水针不能使用。

(98)不按规定使用水炮泥。

(99)一次装药分次起爆的。

⑩放炮母线不及时收起，不短接。

⑩剩余炸药、雷管不退回火药库。

⑩火工品台账涂改。

⑩风门、闭墙工程质量低劣，漏风严重。

⑩风门连锁装置失效不及时维修。

⑩同时开启两道风门。

⑩用矿车撞开风门。

⑩断开风门自动关闭装置。

⑩风门门墩上的电缆孔、管子孔未及时用黄泥封堵。

⑩风门前后有杂物。

⑩通过风门运输时，将一道风门打开后固定，另一道风门处无人看护，有人通过时强行开启风门，造成风流短路。

⑪电缆、风水管从密闭区或风门上留设的风量调节孔穿过。

⑪拆除与构筑通风设施等遗留杂物未现场清理干净。

⑪回风横川随意堆放杂物。

⑪在缺氧的密闭前逗留。

⑪挂隔爆袋时站立在皮带上。

⑪隔爆水袋破损、水量不足未及时更换。

⑪给架空线上方的隔爆水槽加水时不停电。

⑪瓦斯传感器不按规定位置悬挂，吊挂不标准。

⑪私自甩掉瓦斯传感器或胡乱调瓦斯传感器显示数据。

⑫不使用梯子，站在皮带或设备上安装吊挂监控仪器（传感器）。

⑫在回风巷乱行走。

⑫大巷作业不设警灯。

⑫不按规定洒水灭尘。

⑫冲洗巷道内煤尘时直接用水冲洗电气设备。

⑫巷道冲洗后不签字。

⑫各转载点喷雾不按规定使用。

⑫皮带机头无洒水软管或洒水软管长度不达规定。

⑫不按规定使用净化水幕。

(129)更换风管、供水管路时将管口面向人。
(130)风电、瓦斯电闭锁失灵。
(131)不按规定进行风机切换实验。
(132)非专职人员开停局部通风机。
(133)风机停风不撤走人员。
(134)私自打开密闭。
(135)拆除密闭时不按规定由上向下拆除。
(136)安装整吊瓦斯抽放管路时，站在风水管上作业。
(137)抽放队巡视员不按规定填写瓦斯抽放牌板。
(138)封堵钻孔不及时。
(139)钻机固定不牢固。
(140)钻机运行不平稳。
(141)钻杆钻进时出现卡钻。
(142)封孔质量不高，出现漏气。
(143)没有及时安装注水设施。
(144)不按规定进行煤层注水或煤体注水不合格。
(145)工程班在砌筑通风设施的时候未剪除两帮及顶部支护金属网。
(146)在砌筑超过 2 米的通风设施时不搭脚手架，不系安全带。
(147)工作面计划内停风不及时通知监控中心。
(148)新安装或拆除监控设备不及时填写清单。
(149)拆除监控设备电源不通知监控中心。
(150)消防器材配备不符合规定或使用过期消防器材。
(151)水仓无防护栏或警示标志。

（6）露天矿山现场作业习惯性违章行为

①进入现场不戴安全帽，或不系安全带。
②将无帽芯、帽带、变形、开裂的安全帽戴入现场。
③未经安全教育、安全考试的人员进入现场施工。
④穿拖鞋、凉鞋、高跟鞋、裙子、背心、短裤进入现场。
⑤酒后进入施工现场。
⑥在施工现场打闹、取笑。

⑦自行车、摩托车乱停、乱放。

⑧车辆在场内、施工道路上的行驶速度超过 15 千米每小时。

⑨在禁止吸烟的施工区域吸烟。

⑩施工前不进行安全技术交底。

⑪在 2 米或 2 米以上的高处作业，无可靠的安全设施时不系安全带，或安全带未挂于上方牢固可靠处。

⑫非电器和机械人员使用或修理机电设备。

⑬施工机械、设备的转动部分，未加防护罩。

⑭无特殊工种安全操作证的人员进行特种作业施工。

⑮擅自在施工通道上堆放物料、土方等，影响正常的施工、通行。

⑯在施工现场乱放、乱倒材料、垃圾；泥浆、污水、粉尘随意排放，污染环境。

⑰运矿车辆超速超载，污染施工通道。

⑱危险区域施工作业不安排管理人员及采取安全防护措施。

⑲私自拆除、损坏安全设施，或施工需要拆除安全设施，施工完毕后不及时恢复。

⑳私自拆除损坏各类安全标志、标牌。

㉑施工中的井坑不加盖，沟、池不加护栏，晚上无照明及警示红灯标志。

㉒施工用电由非电工接线、操作、管理。

㉓用电器具未接漏电保护装置。

㉔使用木质配电（箱）盘。

㉕施工现场电动工器具、照明设备的电源线未使用软橡胶电缆。

㉖将电线直接插入插座孔中或钩挂于刀闸上使用。

㉗乱拖乱拉电源线，电线过路不加保护。

㉘电焊机的一、二次线接线处无罩壳。

㉙电焊机的二次接线头不使用接线鼻子，或二次接线头裸露。

㉚氧气瓶、乙炔瓶混装、混放。

㉛氧气瓶、乙炔瓶使用时，瓶间距离或与明火之间的距离小于规定安全距离。

㉜乙炔瓶未安装回火防止器,乙炔瓶躺倒放置。
㉝高温季节氧气瓶、乙炔瓶不采取防止直接曝晒的措施,冬季用火烤的方式化开乙炔瓶阀门。
㉞安全带低挂高用或将安全带挂于未固定的吊物上。
㉟强令他人违章、冒险作业。
㊱施工负责人或安全管理员对施工人员的违章行为不予制止。
㊲特种设备年检过期,仍在使用。
㊳机械设备带病运行。
㊴现场对隐患整改不及时或不按照要求整改。
㊵阻挠、干扰、影响安监人员进行安全检查。
㊶拒不执行安监人员提出的整改意见。
㊷对现场存在的安全问题,视而不问、视而不管、有意回避;发现后不制止、不纠正或不进行处罚和教育。
㊸不按设计组织施工作业。
㊹作业过程中采场形成反向坡、伞檐、掏采。
㊺分层、分台阶开采,台阶宽度、高度大于设计要求。
㊻爆破作业时,不采取中深孔或大药量进行爆破作业。
㊼作业过程中接打电话。

如果违章作业成为一种习惯,那么在人们眼中,违章作业就是理所当然,就是毫无风险的行为。然而,正是因为这些违章作业的坏习惯,让我们失去了安全的保障。那一起又一起血淋淋的事故告诉我们,任何一点小小的习惯性违章,都有可能酿成大事故,都有可能害人害己。为了自己,也为了身边每一个同事,我们必须改掉那些坏习惯。

5. 电力行业习惯性违章行为对照及纠正

在电力生产过程中，习惯性违章是一个常见的问题，它不仅会影响电力的正常生产，而且会给电力企业带来较大的经济损失，甚至造成人员伤亡。发生事故时，电能直接作用于人体，会造成电击；电能转换为热能作用于人体，会造成烧伤或烫伤；电能脱离正常的通道，会形成漏电、接地或短路，引起火灾或爆炸。而且由于电既看不见、听不见，又嗅不着，其本身不具备为人们直观识别的特征，因此，电击事故往往来得猝不及防。所以，电力行业反习惯性违章、培养良好的安全习惯、提升安全意识更为重要。

几个电力学校的实习生到工厂去实习，他们被分配给一位颇有经验的老师傅，而这位老师傅将决定他们其中哪一位今后能留在工厂上班。为了能留下来，实习生们使出浑身解数去学习，去讨好老师傅。终于，实习期结束了，老师傅做了一番总结后，突然发问："你们怕不怕电？"实习生们纷纷表示不怕，只有一名实习生犹豫了一会儿，说"怕！"同学们都笑了，老师傅意味深长地看了他一眼。留厂名单公布了，出人意料的竟是"怕"电的实习生，其他实习生很不服气。老师傅说出了一段往事，当年与老师傅一起工作的同门师弟是一个技术精湛的人，俗话说"艺高人胆大"，师弟矫健的身影经常出现在高危作业现场。悲剧的发生是那么突然，在一次高空作业后，师弟离开检修设备时，竟无意中将手搭在邻近的带电高压设备上，结果断送了年轻的生命。这也是他问实习生们问题和留用怕电实习生的原因。

员工不安全行为的自我识别与防范

"怕死才能真安全"、"胆小的员工才是好员工",这是在电力行业里的流行语。那些胆大包天、什么安全防护都没有就敢直接上杆工作的员工,那些不穿防护用品、不配防护装置直接就敢用手去操作的员工,绝不是好员工。所以电力员工务必牢记安全第一,时刻对照违章违纪行为自我检查,主动识别,并积极防范,以保安全。电力行业典型违章作业行为具体表现有以下方面,包括行为违章、装置违章和管理违章,管理人员和员工都有必要对照识别,并纠正和防范。

(1) 行为违章的具体表现

①进入作业现场未按规定正确佩戴安全帽。

②从事高处作业未按规定正确使用安全带等高处防坠用品或装置。

③作业现场未按要求设置围栏;作业人员擅自穿、跨越安全围栏或超越安全警戒线。

④不按规定使用操作票进行倒闸操作。

⑤不按规定使用工作票进行工作。

⑥现场倒闸操作不戴绝缘手套,雷雨天气巡视或操作室外高压设备不穿绝缘靴。

⑦约时停、送电。

⑧擅自解锁进行倒闸操作。

⑨防误闭锁装置钥匙未按规定使用。

⑩调度命令拖延执行或执行不力。

⑪专责监护人不认真履行监护职责,从事与监护无关的工作。

⑫倒闸操作前不核对设备名称、编号、位置,不执行监护复诵制度或操作时漏项、跳项。

⑬倒闸操作中不按规定检查设备实际位置,不确认设备操作到位情况。

⑭停电作业装设接地线前不验电,装设的接地线不符合规定,不按规定和顺序装拆接地线。

⑮漏挂(拆)、错挂(拆)标示牌。

⑯工作票、操作票、作业卡不按规定签名。

⑰开工前,工作负责人未向全体工作班成员宣读工作票,不明确工作

第四章
识别违章作业，改掉不安全的行为习惯

范围和带电部位，安全措施不交代或交代不清，盲目开工。

⑱工作许可人未按工作票所列安全措施及现场条件，布置完善工作现场安全措施。

⑲作业人员擅自扩大工作范围、工作内容或擅自改变已设置的安全措施。

⑳工作负责人在工作票所列安全措施未全部实施前允许工作人员作业。

㉑工作班成员还在工作或还未完全撤离工作现场，工作负责人就办理工作终结手续。

㉒工作负责人、工作许可人不按规定办理工作许可和终结手续。

㉓进入工作现场，未正确着装。

㉔检修完毕，在封闭风洞盖板、风洞门、压力钢管、蜗壳、尾水管和压力容器人孔前，未清点人数和工具，未检查确无人员和物件遗留。

㉕不按规定使用合格的安全工器具，使用未经检验合格或超过检测周期的安全工器具进行作业（操作）。

㉖不使用或未正确使用劳动保护用品，如使用砂轮、车床不戴护目眼镜，使用钻床等旋转机具时戴手套等。

㉗巡视或检修作业，工作人员或机具与带电体不能保持规定的安全距离。

㉘在开关机构上进行检修、解体等工作，未拉开相关动力电源。

㉙将运行中转动设备的防护罩打开；将手伸入运行中转动设备的遮栏内；戴手套或用抹布对转动部分进行清扫或进行其他工作。

㉚在带电设备周围使用钢卷尺、皮卷尺和线尺（夹有金属丝者）进行测量工作。

㉛在带电设备附近使用金属梯子进行作业；在户外变电站和高压室内不按规定使用和搬运梯子、管子等长物。

㉜进行高压试验时不装设遮栏或围栏，加压过程不进行监护和呼唱，变更接线或试验结束时未将升压设备的高压部分放电、短路接地。

㉝在电容器上检修时，未将电容器放电并接地；电缆试验结束时，未对被试电缆进行充分放电。

㉞继电保护进行开关传动试验未通知运行人员、现场检修人员。

㉟在继电屏上作业时，运行设备与检修设备无明显标志隔开，或在保护盘上或附近进行振动较大的工作时，未采取防掉闸的安全措施。

㊱跨越运转中输煤机、卷扬机牵引用的钢丝绳。

㊲吊车起吊前未鸣笛示警或起重工作无专人指挥。

㊳在带电设备附近进行吊装作业，安全距离不够且未采取有效措施。

㊴在起吊或牵引过程中，受力钢丝绳周围、上下方、内角侧和起吊物下面，有人逗留和通过。吊运重物时从人头顶通过或吊臂下站人。

㊵龙门吊、塔吊拆卸（安装）过程中未严格按照规定程序执行。

㊶在高处平台、孔洞边缘倚坐或跨越栏杆。

㊷高处作业不按规定搭设或使用脚手架。

㊸擅自拆除孔洞盖板、栏杆、隔离层或因工作需要拆除附属设施时不设明显标志并及时恢复。

㊹进入蜗壳和尾水管未设防坠器和专人监护。

㊺凭借栏杆、脚手架、瓷件等起吊物件。

㊻高处作业人员随手上下抛掷器具、材料。

㊼在行人道口或人口密集区从事高处作业，工作地点的下面不设围栏、未设专人看守或其他安全措施。

㊽在梯子上作业，无人扶梯子或梯子架设在不稳定的支持物上，或梯子无防滑措施。

㊾不具备带电作业资格人员进行带电作业。

㊿登杆前不核对线路名称、杆号、色标。

51登杆前不检查基础、杆根、爬梯和拉线是否正常。

52组立杆塔、撤杆、撤线或紧线前未按规定采取防倒杆塔措施或采取突然剪断导线、地线、拉线等方法撤杆撤线。

53动火作业不按规定办理或执行动火工作票。

54特种作业人员不持证上岗或非特种作业人员进行特种作业。

55未履行有关手续即对有压力、带电、充油的容器及管道施焊。

56在易燃物品及重要设备上方进行焊接，下方无监护人，未采取防火等安全措施。

(57)易燃、易爆物品或各种气瓶不按规定储运、存放、使用。

(58)水上作业不佩戴救生措施。

(59)无证驾驶、酒后驾驶。

(60)值班期间脱岗。

（2）装置违章的具体表现

①高低压线路对地、对建筑物等安全距离不够。

②高压配电装置带电部分对地距离不能满足规程规定且未采取措施。

③待用间隔未纳入调度管辖范围。

④电力设备拆除后，仍留有带电部分未处理。

⑤变电站无安防措施。

⑥易燃易爆区、重点防火区内的防火设施不全或不符合规定要求。

⑦深沟、深坑四周无安全警戒线，夜间无警告红灯。

⑧电气设备无安全警示标志或未根据有关规程设置固定遮（围）栏。

⑨开关设备无双重名称。

⑩线路杆塔无线路名称和杆号，或名称和杆号不唯一、不正确、不清晰。

⑪线路接地电阻不合格或架空地线未对地导通。

⑫平行或同杆架设多回路线路无色标。

⑬在绝缘配电线路上未按规定设置验电接地环。

⑭防误闭锁装置不全或不具备“五防”功能。

⑮机械设备转动部分无防护罩。

⑯电气设备外壳无接地。

⑰临时电源无漏电保护器。

⑱起重机械，如绞磨、汽车吊、卷扬机等无制动和逆止装置，或制动装置失灵、不灵敏。

（3）管理违章的具体表现

①安全第一责任人不按规定主管安全监督机构。

②安全第一责任人不按规定主持召开安全分析会。

③未明确和落实各级人员安全生产岗位职责。

④未按规定设置安全监督机构和配置安全员。

⑤未按规定落实安全生产措施、计划、资金。
⑥未按规定配置现场安全防护装置、安全工器具和个人防护用品。
⑦设备变更后相应的规程、制度、资料未及时更新。
⑧现场规程没有每年进行一次复查、修订,并书面通知有关人员。
⑨新入厂的生产人员,未组织三级安全教育或员工未按规定组织《安全规程》考试。
⑩特种作业人员上岗前未经过规定的专业培训。
⑪没有每年公布工作票签发人、工作负责人、工作许可人、有权单独巡视高压设备人员名单。
⑫对事故未按照"四不放过"原则进行调查处理。
⑬对违章不制止、不考核。
⑭对排查出的安全隐患未制订整改计划或未落实整改治理措施。
⑮设计、采购、施工、验收未执行有关规定,造成设备装置性缺陷。
⑯未按要求进行现场勘察或勘察不认真、无勘察记录。
⑰不落实电网运行方式安排和调度计划。
⑱违章指挥或干预值班调度、运行人员操作。
⑲安排或默许无票作业、无票操作。
⑳大型施工或危险性较大作业期间管理人员未到岗到位。
㉑对承包方未进行资质审查或违规进行工程发包。
㉒承发包工程未依法签订安全协议,未明确双方应承担的安全责任。

除了上面这些具体表现,在实际工作中还有一些很突出的违章行为,也需要员工对照识别并及时纠正,以防事故发生。

<<<

  某公司搭设电锯操作间时,需对场地进行清理。现场恰有一块碍事的闲置的电源盘需要转移。一名工人(非电工)误认为电源盘无电,用铁剪子剪电源盘电缆,当即触电身亡。

>>>

这是相当危险的行为,必须讲清非电工移动电源盘的危险,不论有电无电,严禁非电工移动电气设备。要求所有的员工都应明确,严禁非电工接电源。发现非电工接电源时,应立即制止,并给予批评教育和处罚。

还有的员工不带工作票就盲目作业。工作票是电气作业的行动指南，也是保障安全的重要措施。不带工作票工作，危险也是难以避免。

一次，在清扫 10 千伏配电变压器台时，工作负责人不带已签发的工作票进入现场，不验电就在高压母线上挂了一组短路接地线，又手拿抹布从高压侧登上去，双手挥着变压器高压倒 A、B 相套管，使前胸起火，从 1.9 米高的变压器台上摔下。

在作业开始前，工作负责人应宣读工作票及安全措施，并按工作票的要求进行作业。对不带工作票即展开工作的，工人有权拒绝作业。

有的员工粗心大意，工作时与带电部位安全距离过小，导致事故发生。

某公司在放线跨越施工中，与邻近的带电导线只有 1.5 米的距离（按规定应大于 4 米），当牵引联板通过放线滑车时，联板将悬垂串拉斜扬起引起跳动，使牵绳与带电导线发生瞬间放电，3 名工人被电击倒，还造成邻近的带电导线停电 40 分钟。

对于这种情况，一定要给员工讲清与带电部位安全距离小存在的危险。作业时，与带电部位的安全距离必须保持在安全规程规定的范围内。作业前，应认真检查和测量安全距离是否合适。

带电作业本身就十分危险，因而安全措施专门规定必须要有监护人。但有些员工总认为监护没有必要，有些监护人也常常不认真，甚至随意离开，经常因为监护人暂离作业现场未指定临时接替人而发生事故。

某变电所在一次检修时，监护人被指派去库房取绝缘杆，临走时，监护人分派了工作，但没有指派临时监护人，致使一名工人送扳手返回时，误登有电的主变压器二次开关 A 相触电坠地。

对这种情况，要充分认识到监护的重要性，并明白监护人暂离作业现场不指定临时接替人存在的危险。监护人必须始终在工作现场,因工作需要暂时离开现场时,应指定能够胜任的人员临时接替,电气作业没有指定监护人的,应停止作业。

还有一些胆大的员工,在室外地面高压设备上工作时,四周不设围栏,认为"工作时间不长,并且有人在场,不会有问题"。殊不知这是相当危险的,一旦有人误入禁区,距离高压设备过近接触高压设备便会触电发生事故。对这种情况必须严格监督,并加大惩罚,讲清工作时四周应立即用围网做好围栏,并悬挂相当数量的"止步!高压危险!"的标识。对不设围栏的,让其将围栏设好再开始工作,并给予批评教育或处罚。

也有胆大的员工雷雨天气巡视室外高压设备时,不穿绝缘靴,这是十分危险的,有可能被雷电击伤。一定要记住穿绝缘靴在雷雨天巡视室外高压设备的必要性。对雷雨天巡视时不穿绝缘靴的,应及时劝阻,让其把绝缘靴穿上。不穿绝缘靴者,不能进行雷雨天室外高压设备的巡视。

有的工人在电器设备作业时,与值班员约时停用或恢复重合闸,这样也是十分危险的,如果到了时间恢复送电,作业未完仍在进行,就会发生触电事故。对这种情况,要讲明白约时停用或恢复重合闸存在的危险性,严禁约时停用或恢复重合闸。带电作业结束时,向调度汇报后,并检查现场无人时,方能恢复重合闸。对约时停用或恢复重合闸的,应立即纠正,并给予责任者相应的处罚。

总之,违章行为千差万别,但有一点是共同的,那就是违章就有危险。所以,对照违章行为自检自查,自我识别,并及时防范和纠正,是最有效的防范违章行为的方法。

6. 施工行业习惯性违章行为自检和防范

施工现场,是直接从事施工活动、达到生产目的的场所,是施工生产要素的集中点，其特点是多工种立体作业，生产设施临时性、作业环境多边性、人机流动性并存。由于人、机、料高度集中，因此存在着众多危险因素，这就决定了建筑现场安全管理的复杂性、多样性及持续性。

同时，由于施工作业大部分属于户外作业，本身就具有一定的风险性，加之相对于户内工作来说比较自由和松散，安全监督和管理措施都不及室内严格，因而违章违纪现象更为严重，一不小心就会导致事故发生。故而更需要员工自觉主动遵守规章制度，反习惯性违章，杜绝违章行为发生。下面是常见的施工作业习惯性违章类型，可以对照自检。

①佩戴不合格安全帽进入生产现场。
②穿高跟鞋、凉鞋、背心、短裤或裙子进入生产场所。
③在热力系统（高温、高压设备）上操作不戴手套和不穿防护工作服。
④高空作业不系安全带或安全带未挂在牢固的构架上。
⑤高空作业中上、下投掷工具（或材料）。
⑥高处作业现场、容器内作业应设而未设专人监护。
⑦登高作业时不穿防滑鞋。
⑧未经安全教育进行施工区域作业。
⑨夜间施工，工人在无足够照明区域作业。
⑩作业时，未按规定正确使用劳动防护用品（工作服、手套、绝缘鞋等）。
⑪使用无齿锯时没有紧固物或在转动的无齿锯片上直接研磨物件。
⑫使用电焊机等工作完毕后，未切断电源就离开现场。
⑬在无漏电保护器的情况下使用手持电动工具。
⑭作业完毕后，未及时清理现场，没有达到工完料尽场地清的要求。
⑮焊接作业时随意丢弃焊条，焊条头未随时清理干净并回收。
⑯在未断电的情况下移动或搬动电气设备、机具。
⑰擅自移动或者破坏现场的安全标志牌。
⑱酒后进入施工现场。
⑲操作电钻等转动设备戴手套操作。
⑳在超过2米无防护栏杆或未绑扎的脚手板上作业。

㉑高处作业不走楼梯、斜道或爬梯，沿脚手架、栏杆等上下攀爬。

㉒未采取任何防护措施在易燃、易爆物品周围或者区域内进行焊接或其他明火作业。

㉓从事有毒有害作业，未按规定使用防护用品、用具。

㉔施工过程中随意移动或者破坏现场的安全防护设施。

㉕私自进入挂有"禁止出入"或设有危险标志的区域或场所。

㉖有粉尘危害的作业未按规定使用劳动防护用品。

㉗搅拌机操作人员在未停机的情况下清理内壁附料。

㉘木工机械操作人员不按要求佩戴防护眼镜。

㉙现场配电箱、电焊机等电气设备不设置防雨措施，作业完毕不及时关闭总电源。

㉚电气设备不按要求进行接零、接地，不按要求进行作业前检查。

㉛使用砂轮时不戴防护眼镜。

㉜接触灼热工作和热体设备时不戴手套。

㉝在机器运行中，清扫、停拭或润滑转动部位。

㉞在机器未完全停止前，进行修理工作。

㉟在运行的设备、管道、靠背轮、安全罩上行走或站立。

㊱随意取下运行中（或备用中）设备的安全防护罩，或检修后不及时恢复。

㊲在消防通道随意放置物料。

㊳把脚手架摆放在不牢固的现场结构或栏杆、管道上。

㊴未做好止动措施，在转动部件上或转动设备内部工作。

㊵乘坐禁止载人的升降机械。

㊶起重作业现场不设专人指挥。

㊷在容器内工作使用不符合规定电压等级的工器具或照明。

㊸生产现场私接、乱接电源。

㊹电气工作人员巡检、操作或从事检修作业期间不穿绝缘鞋。

㊺低压回路工作，开工前不验电，盲目开工作业。

㊻不按规定电压装设行灯或将行灯变压器放在金属容器内。

㊼未经运行许可，在未采取临时安全措施时，拆除设备的安全保护

设施。

㊽开工前，工作负责人不向施工人员讲明安全措施和注意事项，电气工作人员不明确带电部位。

㊾施工项目无具体安全防护措施、不认真进行交底。

㊿各级领导人员为了抢任务、赶工期不进行安全组织，不执行安全技术措施，强令员工冒险作业。

(51)在禁火区域内吸烟。

(52)无特殊工种安全操作证的人员进行特种作业施工。

(53)擅自在施工通道上堆放物料、土方等，影响正常的施工、通行。

(54)在施工现场乱放、乱倒材料、垃圾，泥浆、污水、粉尘随意排放，污染环境。

(55)车辆装载过满，污染施工通道。

(56)喷砂作业场地不采取隔离措施。

(57)在成品或设备上乱涂乱画，造成成品或设备的污染。

(58)私自拆除、损坏安全设施，或施工需要拆除安全设施，施工完毕后不及时恢复。

(59)私自拆除损坏各类安全标志、标牌。

(60)施工中的井坑不加盖，沟、池不加护栏，晚上无照明及警示红灯标志。

(61)特殊、高层脚手架，运料井架的装拆不办理安全施工作业票。

(62)脚手架、作业平台、运料井架使用前不按照规定验收、挂牌。

(63)设置跳板、过沟板及各种施工用脚手板时，搭放不牢或搭成一头悬空的探头板。

(64)施工电梯、运料井架各分层门未关闭时即将电梯、吊笼开离，施工电梯人货混装，运料井架乘人。

(65)在要害部位和重要场所动火不办理动火手续。

(66)施工用电由非电工接线、操作、管理。

(67)用电器具未接漏电保护装置。

(68)使用木质配电（箱）盘。

(69)施工现场电动工器具、照明设备的电源线未使用软橡胶电缆。

⑦将电线直接插入插座孔中或钩挂于刀闸上使用。

⑦用测试绝缘的大量程仪器测试小数值的接地电阻。

⑦用木棍、木条代替接线插头。

⑦乱拖乱拉电源线,电线过路不加保护。

⑦碘钨灯用非绝缘性支架时不采取接地或接零保护。碘钨灯用作移动照明。

⑦电器设备的金属外壳不采取可靠的接地。

⑦金属容器、潮湿场所或金属构架内施工照明不使用安全电压。

⑦在高电压区域施工作业不办理安全施工作业票。

⑦氧气瓶、乙炔瓶混装、混放。

⑦氧气瓶、乙炔瓶使用时,瓶间距离或与明火之间的距离小于规定安全距离。

⑧乙炔瓶未安装回火防止器;乙炔瓶躺倒放置。

⑧高温季节氧气瓶、乙炔瓶不采取防止直接曝晒的措施,冬季用火烤的方式化开乙炔瓶阀门。

⑧吊运边缘锋利的物件时不采取钢丝绳保护措施。

⑧受力钢丝绳自由端的绳卡、压板数量不足。受力钢丝绳自由端的绳卡、压板卡的方向错误。

⑧受力钢丝绳自由端的绳卡、压板卡的间距与钢丝绳U型环大小、钢丝绳直径不配套。

⑧现场驳运大型构件不绑扎或固定不牢。

⑧在六级及六级以上强风时进行吊装作业。

⑧站立于正在起吊的吊物上。

⑧将安全带挂于未固定的吊物上。安全带低挂高用。

⑧起重作业的吊车司机、起重工无证上岗,违反有关操作规程。

⑨在起重臂、电动机的飞轮边、待起吊的重物上、电气设备边休息、逗留。

⑨非电器和机械人员使用或修理机电设备。

⑨强令他人违章、冒险作业。

⑨施工负责人对施工人员的违章行为不予制止。

㉔特种设备无安全准用证。
㉕特种设备年检过期，仍在使用。
㉖领导或外来参观、检查人员进入现场不穿戴劳保用品。
㉗现场对隐患整改不及时或不按照要求整改。
㉘阻挠、干扰、影响安监人员进行安全检查。
㉙拒不执行安监人员提出的整改意见。
⑩对现场存在的安全问题，视而不问、视而不管、有意回避；发现后不制止、不纠正或不进行处罚和教育。

除了员工自觉主动地识别违章行为，恪守安全规章外，针对施工现场违章行为，企业也应当采取主动的管控措施。比如，事先将"管生产必须管安全"的原则落实到管理层和作业层。对施工管理生产负责人、技术负责人、工长、班组长等岗位人员，在签订和下达生产任务时，必须同时下达安全指标，并制订严格的奖罚制度。施工开始前，必须进行开工前安全生产条件确认，必须技术交底；作业过程中，要严格遵照经过批准的施工方案或专项施工技术措施进行作业。同时建立健全各层级、各岗位的安全生产责任制。制订以"人防"为核心的安全管理制度，保证人的行为安全；制订以"技防"为核心的安全管理制度，保证操作安全；制订以"物防"为核心的安全管理制度，保证物的安全状态，做到事事有依据，人人有责任，从而使施工工地的安全得到较好的保障。

无论什么时候，什么行业，违章总是与安全相对立的。违章就意味着不安全，遵守规章制度，按操作规程作业，我们就能永远受到安全的呵护。同样，要想拥有安全，我们就要时刻自检，找出违章的原因，并下决心改掉那些违章的坏习惯。

员工不安全行为的自我识别与防范

7. 石化行业习惯性违章行为自查

相比于施工行业，石化行业更是高事故风险、高作业危险的行业，任何一个习惯性违章行为，都可能引发事故。譬如，在炼油企业的易燃易爆区使用铁制工具开、关阀门，拆卸螺丝、法兰等，甚至是未换下脚上的便鞋，鞋底或是鞋上有装饰的金属物，都有可能会引发巨大的事故。因为金属相碰时容易产生火花，如果遇到油气等可燃物泄漏，就可能导致火灾、爆炸等重大事故。故而石化行业严格规范的操作对于安全更为重要。

国内某石化企业在对聚乙烯装置聚合釜内壁挂垢进行清理时，突然发生闪爆。事后调查人员发现，该事故的一个重要原因在于，作业者对聚合釜内的挂垢物中含有的少量链烷烃会在短时间内挥发并达到闪爆浓度这一风险认识不足。当夹带在结垢物中的可燃物在作业中挥发出来，在聚合釜底部积聚，遇到金属摩擦或撞击产生的火星后，引起闪爆。在这场火灾中，3人死亡，5人重伤，损失惨重。

同样，触目惊心的吉林石化爆炸事故也是一个现实的教训。吉林石化爆炸事故的直接原因是当班操作工停车时未将阀门及时关闭，误操作导致进料系统温度超高，长时间后引起爆裂，随之空气被抽入负压操作的T101塔，引起T101塔、T102塔发生爆炸，随后致使与T101、T102塔相连的两台硝基苯储罐及附属设备相继爆炸。爆炸现场火势的持续增强，引发装置区内的两台硝酸储罐爆炸，并导致与该车间相邻的55号罐区内的一台硝基苯储罐、两台苯储罐发生燃烧。

令人惊讶是，事故当事人在一天之内，竟然连续两次进行误操作。这不能不说习惯性违章行为在基层已经根深蒂固。

石油化工由于物体本身的特殊性，易燃、易爆，所以被列为安全的重中之重。然而，一些员工还是因为一些不良的工作习惯，屡屡违章。这是事故不断发生的主要原因。作为石化工作者，必须时时以身作则，处处自查，一旦发现有违章的行为，应立即纠正，及早清除一切安全隐患。

下面这些行为都是石化员工绝不能有的违章行为，必须像坚守生命一样坚守底线，决不违反这些禁令，坚决杜绝违章行为。

（1）油气相关作业

①严禁使用机械摩擦锚头、转盘崩扣、不安装钳尾绳的 B 型大钳和不按规定配置及使用防碰天车。

②严禁不停抽油机从事检维修作业。

③严禁违反操作规程操作锅炉、高压阀门和含硫化氢油气井等危险设备和设施。

④严禁试油、试气等措施作业不按程序进行验收。

⑤严禁测井现场装、卸放射源时不按规定封盖井口。

⑥严禁在雷电天气进行电缆射孔作业。

⑦严禁在炸药存放点、包药点、炮点警戒区域内使用无线通讯工具。

⑧严禁火工器材运输、储存、使用过程中监护人员擅离岗位。

⑨严禁在无监护措施的情况下单独进入沙漠、沼泽、森林、滩涂等特殊区域内作业。

⑩严禁未经"安全救生培训"的人员进行海上作业。

⑪严禁未经许可进行平台拖航移位、井架整拖作业、大型设施拖带、作业区抛锚、释放救生（助）艇、热工、舷外作业。

⑫严禁对油轮实施灌舱作业和使用非防爆器具观测油舱。

⑬严禁船舶靠泊码头或海上油气生产作业设施不按规定搭设跳板、安全网。

⑭严禁违反规定出海作业或不执行应急撤离指令。

⑮严禁在无守护船的情况下从事海上无人值守平台巡检及维护。

(2) 危险化学品相关作业

①严禁违反规定采购、运输、装卸、储存、使用、废弃或销毁放射源、火工器材。

②严禁违反规定采购、储存、发放、使用、处置有毒有害物品。

③严禁不佩戴专用防护用品（具）从事有毒、有害、腐蚀等介质和窒息环境下的危险作业。

④严禁未经许可在生产装置区、罐区灌装化学品。

⑤严禁在易燃易爆区域用汽油等易挥发溶剂擦洗设备、衣物、工具及地面等。

⑥严禁油品、液态烃脱水（液）（含切水、切碱等）时操作人员离开现场。

⑦严禁冒名顶替代签或未到现场就确认各种作业、工程票证，违者解除劳动合同。

⑧严禁在不告知、不设置警戒线的情况下，进行放射性探伤作业。

⑨严禁在易燃易爆区域使用非防爆通讯、照明器材等。

⑩严禁未检尺计量及工艺复核，进行油品接卸、输转作业。

⑪严禁油罐清洗、检修后不经验收直接进行收油作业。

⑫严禁对进入油库车辆和人员不检查、不登记。

⑬严禁直接给塑料容器加注汽油。

⑭严禁给未熄火的车辆加注油品。

⑮严禁在成品油管道流程切换过程中现场无人监护。

⑯严禁外管道巡线人员不按规定巡检，不及时阻止和上报违章占压、违章施工。

石油化工产业由于本身的危险性较大，如果频繁发生生产事故，会造成极其严重的后果，造成严重的经济损失和人员伤亡。每一个珍爱生命、珍惜拥有的员工，每一个渴求平安、追求安全和幸福的员工，务必按照上面的违章行为对照自己的行为，进行识别和防范，杜绝违章违纪行为，保证自己的安全。

第四章 识别违章作业，改掉不安全的行为习惯

8. 起重作业习惯性违章行为自我识别

起重吊装作业现场存在许多偶发的危险因素，典型的起重伤害事故有：重物坠落、起重机失稳倾翻、挤压、高处跌落、触电等。而这些事故的发生，绝大多数都源于操作人员的违章违纪。

<<<

某建筑工程公司的某厂机修车间工地拆卸塔吊时，发生一起塔吊倾倒事故，造成5人重伤。该厂机修车间已竣工清理，QT16缆风绳塔吊需拆卸。该工地项目经理分包给社会上无起重机械拆卸资质，拆卸人员无特种作业上岗证的队伍拆卸，工地用50吨汽车吊协助拆卸。他们在拆卸前，未制订拆卸方案，连缆风绳、地锚也未检查，就匆匆爬上塔吊拆起来。当汽车吊把前臂吊起，操作工打掉前臂与塔顶的2个连接销子后，塔吊拉地锚，后臂和塔身向后臂方向倾倒，此时，前臂被汽车吊吊起，与塔身分离，上面3名拆卸工随之坠落。

这起事故是典型的违章指挥、违章作业造成的。塔吊东北方向缆风绳原应固定在新建的机修车间屋面上，在拆塔吊前已被拆除。但拆卸人员未做检查，当前臂被汽车吊吊起脱离塔身后，后臂相对塔身产生倾覆力矩，此倾覆力矩拉出东南方向地锚，塔吊向西南方面倾倒。塔吊安装后无验收，使用中未经常检查，事故隐患一直存在，即物的不安全状态存在，当拆卸工违章作业时便发生了事故。加之企业内部安全管理松散，安全管理措施未落实。项目经理缺乏建筑安全生产法规、规范和安全技术知识，安全意识淡薄，违章指挥，私自雇用无起重机械拆装资质的队伍。操作人员均无特种作业上岗证。拆卸工人缺乏基本的安全知识和

安全防护意识，冒险蛮干，违章作业，即人的不安全行为严重存在，是导致事故的根本原因。

某冷轧厂准备车间轴承班班长张某召开班前会，对当天工作进行安排。当天的主要工作任务是安装机架，分2组进行，一组为李某、王某、刘某3人，负责安装2台机架；另4人为一组，负责安装3台机架。行车工郑某配合2组进行吊装作业。

李某这一组第一台机架安装完毕后，准备将机架吊离安装平台。李某打手势让郑某将行车开到安装平台上方来，刘某和王某对机架进行兜吊捆绑，刘某在机架靠近大门一侧挂钢丝绳，王某在刘某对面挂钢丝绳，李某站在刘某同侧进行指挥。王某挂好后问刘某挂好没有，刘某回答说挂好了。王某即开始指挥郑某起吊，指挥信号为打"口哨"和"手势"。行车驾驶位置位于机架安装平台斜上方，行车工看不见所吊机架，只能听信号起吊。郑某听到指挥信号后，即打铃警示并提升卷扬。刚一提升，郑某就看到王某快速后退并摔倒在地，便赶快停止起升。此时，王某这一侧的钢丝绳脱落，机架已被提升并拉倒砸在王某身上。

现场作业人员闻讯后，急忙用脱落的钢丝绳重新捆好机架，将机架迅速吊起。王某经抢救无效死亡。

造成事故的原因就是违章违纪。在起重操作中，王某挂好钢丝绳后，未执行规范指挥信号和手势，而是打口哨指挥起吊，发现钢丝绳脱落后，没及时给信号示意停吊和落绳，而是抱以侥幸心理，认为还未完全起吊。在未经确认的情况下就上前准备重新挂绳，这是严重的违章操作，是造成本次事故的直接原因和主要原因之一。

行车工郑某起吊机架时，未严格执行安全操作规程，未待钢丝绳绷紧后再听指挥起吊，也是此次事故的直接原因和主要原因。

由于行车驾驶位置位于机架安装平台斜上方，行车工不能看见所吊机架，只能听信号起吊。当发生机架脱绳后，行车工不能及时看见和处理，也是导致机架倾翻的直接原因。此外，机架安装平台上安装工具乱扔，王新在后退的过程中脚绊到扳手上而摔倒，也是导致这起事故的直接原因。

从这两起事故中我们可以看到，违章违纪是事故发生的关键。起重作业属于特殊作业，无证上岗是绝对不允许的，是严重的违章行为。在起重作业中有一个安全的硬性规定，即"十不吊"，有这些情形时，起重机司机绝不能进行起吊操作，这"十不吊"是：

①超载或物体质量不明时不吊；

②信号不明确时不吊；

③捆绑、吊挂不牢或不平衡，可能引起物品滑动时不吊；

④被吊物上有人或浮置物时不吊；

⑤结构或零部件有影响安全工作的缺陷或损伤，如制动器或安全装置失灵、吊钩螺母防松装置损坏、钢丝绳损伤达到报废标准时不吊；

⑥遇有拉力不清的埋置物体时不吊；

⑦斜拉重物时不吊；

⑧工作场地昏暗，无法看清场地、被吊物和指挥信号时不吊；

⑨重物棱角处与捆绑钢丝之间未加衬垫时不吊；

⑩钢水或铁水包装得过满时不吊。

事故中操作员工明显违反"十不吊"的规定：信号不明，就起吊；捆绑未牢也起吊。所以，杜绝违章操作，是避免事故的不二法门。每一个起重作业人员都要严格按照安全规程和劳动纪律，规范自己的行为，提高安全意识，防范事故发生。

具体说来，常见起重作业的违章行为有以下表现，超重作业人员应当对照检查，并及时纠正。

①起重作业未取得操作证。

②桥式起重机司机未经厂实际操作考核合格独立上岗操作。

③操作时注意力不集中，吃东西、看报纸等。

④开车前未检查就直接开车。

⑤使用不完好的起重机、吊索具。

⑥未按规定打铃发出警告信号。

⑦直接用5档快速提升吊物。
⑧超速吊运。
⑨吊物在安全通道上行驶时，吊物离地面高度超过0.5米。
⑩吊物不按安全通道行驶。
⑪用限位器作为断电停车手段，同时开动三个机构运行。
⑫指挥信号不明确，违章指挥吊运。
⑬超载吊运。
⑭捆绑不牢吊运。
⑮吊运压力气瓶、易爆物品。
⑯在光线阴暗不清的环境下进行吊运作业。
⑰有棱角物件无防切割措施吊运。
⑱斜拉外挂吊运。
⑲起重机司机工作完毕后未将各类操作机构归位。
⑳露天工作的起重机未采取防风措施。
㉑不了解安全知识和操作技能上岗作业。
㉒起吊前未进行试吊。
㉓卸载时吊物未放置稳妥就落钩卸载。
㉔吊挂绳之间的夹角大于120度。
㉕物体翻转时，未采取措施防止重物重心急速变化。
㉖多人绑挂时，多人指挥。
㉗起吊后身体置于吊物之下的或手扶吊物吊运。
㉘吊运时，安全通道上有人，未发出警示信号或招呼通道人员离开。
㉙车间领导不在场，进行大设备、大工件吊运作业。
㉚吊物上有人。
㉛从事双钩、翻转起重作业时，司索工未戴安全帽。
㉜从事设备、工件等装卸车作业，车间领导未现场监督。
㉝其他可认为是违章作业的行为。

除此之外，在实际工作中，还有一些起重作业习惯性违章的行为，需要高度重视，并在现场及时纠正。

比如，非指挥人员进行指挥。

第四章
识别违章作业，改掉不安全的行为习惯

某起重班在卸平车上的箱体时，吊钩碰到上层箱体的边缘，只好重新捆绑。这时，一名工人来到吊车前，见大家正在忙活，便跳上平车，连喊带比划，指挥司机继续绷绳。结果发生溜绳，箱体被甩下来，他也随箱体摔到地面。

超重作业是特殊作业，非指挥人员严禁指挥。对非指挥人员进行指挥的，应立即劝阻并给予相应处罚。

还有指挥斜拉吊物。"十不吊"中明确规定，"斜拉重物时不吊"，但有些员工图省事，偏偏斜拉，导致事故。

某公司工地副主任指挥吊运锅炉护板。吊车离护板距离较近，本应移动吊车再起吊，他却指挥吊杆成45度，让吊车回钩，斜拉护板，造成吊车倾覆，一节吊杆弯曲。

对这种情况，当班安全员要讲清斜拉吊物存在的危险，作为企业领导更应带头执行安全规程，严禁斜拉吊物。对指挥斜拉吊物的，工人有权纠正或拒绝作业。

有的指挥人员起吊重物时，竟站在吊物上指挥上升或下降。这样做很危险，如果立足不稳就会从吊物上坠落而受到伤害。起重安全规程严禁工作人员站在吊物上指挥上升或下降，对站在吊物上的人员应立即劝止，并给予批评教育和处罚。

在吊装房屋面板时，有的指挥人员右脚蹬在最下面一块板上，左脚蹬在房架上，下令起吊。由于板已被吊起，右脚失去依托，从高处坠落死亡。指挥员在发出起吊信号之前，应检查吊物及周围是否危及个人和他人安全，严禁脚蹬吊物指挥起吊。对指挥人员的违章行为，任何人都有权纠正。

还有的指挥人员在起吊现场临时找人帮忙，让非起重工绑系绳扣，这也是违章行为，十分危险，因为非起重工根本不懂得绳扣应当如何来系，也不可能系得牢固，在起吊时一旦绳扣松脱，将十分危险。

员工不安全行为的自我识别与防范

> 一次起吊刚性梁，指挥者让非起重工绑系绳扣。由于绳扣系得不规范，起吊中防止刚性梁滑落的木方碰到滑轮折落，动滑轮下降600毫米，将另一滑轮绑绳拉断，使动滑轮及走绳急剧下落，险些造成机毁人亡事故。

所以在起吊作业中，严禁非起重工绑系绳扣。对非起重工绑系绳扣的，应及时制止并处罚。

非起重人员不能做起重工作，非起重工具也同样不能做起重之用。

> 某分厂移位卸煤机平台时，作业人员没经过加固，即用两台导链将平台吊起。搬移过程中，一工人从卸煤机铁门未闭锁装置处撑出身子，既没停车，也没注意到身后不到半米处就是牛腿（梁托）。行至牛腿上部水泥垛子时，他的头部被挤撞经抢救无效死亡。

随意使用非起重工具进行起重作业存在重大危险。发现使用非起重工具进行起重的，应及时劝止。确需使用非起重工具起重的，应经过批准并采取稳妥的安全措施。

有的起重司机为了省事，一次起吊过重物资，也是十分危险的违章行为。

> 某起重班在组塔施工中，吊重为5.9吨，超重吊载7.2吨重物。当吊物接近就位时，左侧横担刮在曲臂上端主材和背铁上。横担一颤，随即下落，将抱杆上拉线和磨绳冲断。

在起吊作业中，严禁超载超重吊装，如发现超载超重吊装的现象，应立即纠正并严肃处理。

有的工人总想坐吊斗或抓斗过把瘾，找机会上吊斗或抓斗。有的司机安全意识淡薄，随意用吊斗、抓斗运载作业人员和工具。这样做，极易引发人员摔跌、撞击等伤害事故。在安全规程中有"不准用吊斗、抓斗运载

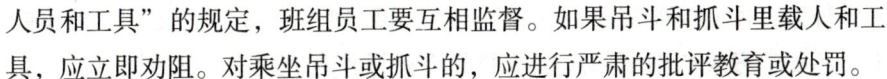

第四章 识别违章作业,改掉不安全的行为习惯

人员和工具"的规定,班组员工要互相监督。如果吊斗和抓斗里载人和工具,应立即劝阻。对乘坐吊斗或抓斗的,应进行严肃的批评教育或处罚。

某厂龙门吊发生小故障,一名工人爬上龙门吊修理。他只顾作业,没有觉察龙门吊在缓缓移动。当龙门吊移动到10千伏线路下时,突然弧光一闪,他当即触电休克。

对正在运行中的各式起重机,严禁进行调整或修理工作。同时,起重设备与带电线路(10千伏)间距不应小于2米。

起重机悬吊着的重物下方,存在着重物下落和撞击的危险,禁止人员停留或通行。但有的员工心存侥幸,认为吊着的重物不会下落,停留或通行不碍事,因而习惯在吊着的重物下停留或通行。为自己的安全考虑,一定不要站在吊车下或通行。在吊物摆动范围内也是不可以的。

某现场起吊钢管时,吊物下面被装车使用的钢筋拉住,吊车起吊后发生颤动。一名工人钻入车厢板与起吊的钢管隙中,用断线钳剪断这根钢筋。失稳的钢管立即向他摆去,使其严重撞伤。

位于摆角范围内就是起重机的危险区域,严禁在摆角范围内剪断障碍物或其他操作,对违章业者,应及时进行纠正。必要时,把起重物落下,剪断障碍物。

当起重机在户外工作时,风力对其影响较大。《起重机械安全规程》(GB 6067.1—2010)中规定:对室外的高大起重机应装有显示瞬时风速的风速报警器,当风力大于工作状态的工作风速设定值时,应能发出报警信号。所以,风力较大时,起重机不能强行工作,对于涉险行为,应当全面禁止。

起重机工作时司机绝不可以离开,停工时也要求把重物放回地面,严禁把重物停在空中。操作时也忌猛拉、猛推、猛操作,不注意保持平衡,并带载伸缩。

总之,起重作业是特殊而且危险的作业,务必要遵守安全规程,规范操作行为，才能保证安全。起重作业人员要加强学习，不仅学习操作技术，还要学习规章制度，严格按照起重机操作规程工作，时时自我识别，自我检查，把违章拒之门外。

9. 管理层习惯性违章行为自查自检

管理层违章是指发生在领导层的违章，是指企业的各级领导者在执行企业安全方针、政策、法规、标准及行业规章制度时，常常以主观"经验"、意愿、自身理解和需要为出发点，随意改变或借故不执行某些规定或规程的违章行为。

某采煤班组进行抽油机井的调平衡作业。在进入井场前，班长郭某让员工穿戴好劳动保护用品，佩戴好安全帽。但员工马某认为自己只是在抽油机周围进行辅助工作，没有必要佩戴安全帽。班长郭某当即对马某的行为及思想进行了批评教育，督促马某佩戴好了安全帽。就在进行调平衡作业中，在抽油机顶部作业的刘某一时手滑，活动扳手从高处掉落，正好砸到在正面作业的马某头上，好在马某已经佩戴了安全帽，所以并没有受到伤害，避免了一场人身伤害事故。在本次事件中，因为班长的严格管理，督促班组成员佩戴好了安全帽，避免了物体打击而造成的伤害。

对于岗位员工而言，劳保用品是保护健康、减少伤害的最后一道防线，必须严格按要求佩戴，无论是国家的法律法规，还是公司的规章制度，对此都有明确的规定。如果没有这样的规定，或是规定不严，督查不力，都是管理层的违章责任。管理层违章的具体表现有以下方面。

①已运行的设备没有制定相应的安全操作规程。

②制订规程、制度不符合实际，不具体，操作性不强，起不到安全管理作用的。

③设备变更或系统改变后，相应的规程、制度、资料没有及时进行修改的。

④对上级颁发的安全措施，不能按要求结合实际组织实施的。

⑤不能按规定组织安全检查或隐患排查的，或查出的问题不及时组织整改的。

⑥不按规定结合实际制订、完善设备检修、使用管理制度，不能有效地组织落实各项制度的。

⑦对新进厂员工未进行健康检查、三级安全教育或健康检查、三级安全教育不合格就上岗作业的。

⑧对公用安全设施、机具未指定专职或兼职人员管理的。

⑨其他管理性违章行为。

一些单位之所以违章现象、违章行为屡禁不止，其背后无不凸显出管理层的违章违纪。管理层对上级文件、会议精神的学习不认真，传达不及时、敷衍了事，对安全法规认识不深，对规章制度的变化掌握不够、分析不彻底，根据长期沿袭下来的经验盲目指挥。有一些企业领导甚至忽视安全，安全制度不健全、安全管理无标准，这无形中对员工的安全作业起到潜移默化的误导作用。时间一长，个别员工就把冒险不当作违章，而可能当成作业的成功"经验"，从这个角度来说，员工的习惯性违章源于领导的"管理性"违章。所以管理层违章其实危害性更大。

要防范管理层违章，管理人员一要大胆认真地自我挑刺，不怕问题多，就怕查不出问题，要敢于刨根问底，查出根源。要本着"王子犯法与庶民同罪"的原则，去认真对待管理性违章。二要提高管理流程的透明度和规范化程度，严格进行责任追究，层层抓起，加强考核制度，防止"和稀泥"等责任不清的现象。三要敢于揭伤疤、丢丑，要不断加强自我学习新知识的能力、掌握新的安全管理方法，认真履行自己的安全职责，与时俱进。管理层的工作抓实了，抓到位了，管理性违章杜绝了，那样违章现象就可以有效遏止，安全事故才会杜绝或减少发生。

企业的管理层中，与一线员工打交道最多的就是班组长，也就是最基层的管理者。从企业的管理结构来说，班组长是企业最基层的管理者，处于"兵头将尾"的地位。通俗地说，班组长就是企业中最小的"官"。但正是这个最小的官在管理上的正确与失误，直接关系到员工是遵守规章制度还是习惯性违章。如果在员工违章时作为班组长听之任之，或者是劝阻无效后不再阻挡，都会因此酿成大祸。可见，班组长首先要避免习惯性违章，远离习惯性违章才能引导员工遵章守纪。

> 某选煤厂员工李某、张某、王某三人进行给煤机上溜槽更换施工。在割除旧溜槽时，割炬漏气，班长李某让更换割炬，处理好漏气处后再割除。王某却说："一会儿就完了，注意点就行"。李某看看时间没再坚持，于是王某继续割除剩余不多的溜槽钢板。没想到突然发生回火，调节轮处冒出的火炬苗把王某的右手烧伤起泡，氧气胶管接头处爆裂并着火，李某见状赶紧跑过去握紧氧气线和乙炔线，并让张某关闭乙炔瓶和氧气瓶阀门，才没有发生更大的事故，只是王某的右手轻度烧伤。这是一场非常危险的侥幸事故。造成这次事故的直接原因是王某在检修更换溜槽进行气割作业时，为尽早完成更换任务，没有将漏气的割炬处理好就施工，造成回火伤人。李某、张某、王某在明知道割炬漏气的情况下，不及时消除安全隐患违章作业，自保互保意识差。班长李某同时又是施工项目负责人，发现安全隐患和员工违章作业不坚决制止，没尽到现场安全管理责任和监护责任，放任员工违章作业。

事后班长做了深刻检讨。他很懊恼地说了句："我为什么不多说一句话？"确实如此，如果身为班长的他能够及时阻止同事的违章行为，这起事故就不会发生。所以，企业管理人员，特别是身处生产一线的管理人员，更需要严格规范自己的行为，自检自查，全面杜绝习惯性违章行为。

同时，管理人员要带头加强安全学习，对于那些忽视安全，不严格执行规章制度的管理者，企业应当采取适当的强制手段，必要时可以替换到其他岗位作为普通员工。管理人员上岗前管理者与其他员工一起学习设备、设施管理与现场作业规程，养成良好的作业习惯，并引导员工以安全为主，避免违章性操作。生产指挥者要认真学习相关专业技术知识，并做好自我约束，做到不安全不指挥，指挥必定安全。

10. 典型违章作业行为的防范和纠正

习惯性违章是一种顽疾，也是事故的源头之一。每一个员工都应当严肃对待，严加防范，及时纠正，杜绝违章。作业人员要经常对照违章违纪行为自查自检，自我防范和纠正，从意识深处消除和杜绝习惯性违章的不安全行为。下面这些典型的违章作业行为，供大家自查和自纠。

(1) 不熟悉使用方法，擅自使用工具

有的员工不熟悉电气工具使用方法，却擅自操作电气工具，造成不良后果。比如，提着电气工具的导线部位或因故离开工作场所或遇到临时停电时，不切断电源。这类违章操作不仅会损坏电气工具，还有可能由于绝缘不良造成触电事故。

防范方法：机械工具都有具体的操作要求，不熟悉其使用方法的人员严禁操作使用。如果发现擅自使用电气、风动、焊接等专用工具者，应及时制止，并视情节轻重给予处罚。

(2) 使用有缺陷的工具作业

有的员工使用大锤时，不进行检查，锤头已出现歪斜、缺口、凹入和裂纹，仍照常锤打，并且说："小毛病，不碍事。"

防范方法：缺陷不但妨碍作业，而且容易诱发伤亡事故。大锤歪斜就容易抡偏，击伤手臂，如果锤柄断裂锤头会飞出伤人。作业前，应认真检查大锤，不合格的严禁使用。作业中大锤出现缺陷，应立即更换。

(3) 使用应设防护罩而未设的机械进行工作

有的员工打磨时，使用没有防护罩的砂轮，结果砂轮碎裂，碎片崩出击伤头部。

防范方法：用钢板制作的防护罩能有效地阻挡砂轮碎裂时的碎块，保护自己和其他人员的安全。因此，禁止使用没有防护罩的砂轮。对使用未安装防护罩的砂轮的职工应及时制止。

(4) 对投运的设备（包括机械锁）随意退出或解锁

投运闭锁装置（包括机械锁）是防止误操作事故的重要措施。但有的工人对已经投入运行的闭锁装置（包括机械锁）随意退出或解锁，这是不允许的，极易引起误操作事故。

防范方法：讲清不经值班调度员或值班长同意，所有投运的闭锁装置（包括机械锁）不得退出或解锁。如果有随意退出或解锁的，应立即纠正，并对责任人给予严厉处罚。

(5) 在机器转动时装拆或校正皮带

有的工人在机器转动时动手进行校正或者装拆皮带，面对纠正和劝阻，他们不以为然地说："以前老师傅都这么做，我们这么做也不会出事。"

防范方法：装拆或校正皮带必须在机器停止时进行，否则有可能绞伤手指或手臂。班组管理人员要对违章操作者及时纠正，并严肃查处。

(6) 把手伸入机械的传输皮带遮栏内加油

输煤皮带加油的位置应安装在遮栏外面，但有的工人在输煤皮带运行时，仍旧把手伸进遮栏内加油，这样做是非常危险的，手有可能被输煤皮带绞伤。

防范方法：伸入遮栏内加油有可能使手被皮带卷入绞伤，严重的还会导致肢体伤残。对把手伸入遮栏内加油的，应给予批评教育和处罚。

(7) 在机器未完全停止时进行修理工作

有的员工发现机器出现小故障，在机器未完全停止以前便进行修理，并且说："小故障，随手修理一下不影响工作。等机器完全停止，排除故障再重新启动，影响工作效率。"

防范方法：机器未完全停止以前，不能进行修理工作。因为在机器完全停止以前进行修理工作，极有可能诱发事故，对违章操作者应及时纠正处罚。

（8）翻越栏杆或在运行的设备上行走或坐立

有的员工喜欢翻越栏杆或在运行的设备上行走或坐立，认为"这是勇敢的表现"，有的铤而走险，甚至为此"一赌输赢"。

防范方法：管道上、靠背轮上或运行中的设备上，都属于危险部分，翻越或在上面行走和坐立，容易发生摔、跌、轧、压等伤害事故，应严格遵守劳动纪律，对违章者给予相应的处罚。

（9）移开或越过遮栏工作

有的工人在值班时认为"高压设备已停电"便移开遮栏或越过遮栏工作。这是绝不容许的，如果设备突然来电，就会发生触电事故。

防范方法：让员工明白无论带电与否，值班人员都不得移开或跨越遮栏工作。需要移开遮栏工作时，必须与带电设备保持足够的安全距离，并有人在场监护。

（10）在机器运行中，清扫、擦拭或润滑转动部位

有的工人在机器运行中，清扫、擦拭或润滑转动部位，这样做非常危险，有可能导致手部或臂部被机器绞伤。

防范方法：应讲清楚在机器转动时严禁清扫、擦拭或润滑转动部位，只有确认对工作人员无危险时，方可用长嘴壶或油枪往方油盅里注油。讲解在机器运行中擦拭、清扫和润滑所引发的事故案例，从中吸取教训，对违章操作者及时纠正。

（11）将工具及材料随意上下抛掷

高处作业时，有的工人不是用绳索系牢工具或材料吊送，而是上下抛掷。这样做不仅会损坏工具或材料，还容易打伤下方的工作人员。

防范方法：应讲清将工具及材料上下抛掷的危险性，应采取绳索上下传递工具或材料。对违反规定的行为应立即制止，并给予相应的处罚。

（12）在工作场所存放易燃物品

把没用完的易燃物品随手放在工作场所的角落或走廊，准备下次再用。

防范方法：在工作场所存放汽油、煤油、酒精等易燃物品既会污染工作环境，还容易引起燃烧和爆炸。因此，禁止在工作场所存储易燃物品。

作业人员应准确估算领取的易燃物品。领取的易燃物品应在当班或一次性使用完；剩余的易燃物品应及时放回指定的储存地点。对随意在工作场所存放易燃物品的现象，一经发现必须严肃处理。

（13）没有隔绝易燃易爆物品便开始电、火焊作业

在进行电、火焊作业时，对附近的易燃易爆物品必须采取可靠的隔绝措施。但有的焊工明知附近有易燃易爆物品，却不采取隔绝措施，结果在从事电、火焊作业时焊花飞溅，将易燃易爆物品点燃，引起火灾。

防范方法：负责人应当为员工讲明白，对易燃易爆物品不采取隔绝措施便开始电火焊作业的危害性，在从事电火焊作业时必须办理相关工作票，对现场存有易燃易爆物品，采取可靠的隔离措施后方可作业。

（14）照明灯距离易燃物过近

某工地用一间板房做仓房，放置施工使用的工器具、材料和抹布等，并在屋顶板上设一盏照明灯。一名工人进仓房取工具后忘记关灯，致使照明灯释放的热度烤燃了距离很近的抹布而起火。

防范方法：照明灯距离易燃物不能过近，否则容易把易燃物烤燃。对屋顶照明灯应经常进行检查，看是否处于安全状态。

（15）在带电体、带油体附近点火炉或喷灯

有的工作人员在给喷灯点火时，不注意观察周围环境是否允许，在带电设备、带油体附近点火，结果导致火灾。

防范方法：必须在安全可靠的场所点燃喷灯，严禁在带电带油体附近点燃。对在带电带油体附近点火者，应立即加以制止，并对责任人以批评或处罚。

（16）在制粉设备附近吸烟

很多有机粉尘是易燃易爆物品，制粉设备场所必须严禁烟火。但有的工人不以为然，竟在制粉设备附近点火吸烟。这样做很容易引燃粉尘，甚至爆炸。

防范方法：应讲清楚在制粉设备附近吸烟的危险性，严格遵守"严禁烟火"的有关规定。对在禁烟场所吸烟者，应立即制止，并予以处罚。

（17）把易燃易爆物放入衣兜或怀里携带

在从事爆破工作时，有的工人把炸药和雷管放入衣兜或揣在怀里，带往施工现场。这样做很不安全，一是容易遗失；二是如果受到挤压，很可能引起爆炸。

防范方法：安全工作规程规定雷管、炸药必须分别保管，应讲清携带炸药和雷管必须专人负责，指定专用工具存放，严禁装入衣兜或揣入怀内，违者从严处罚。

（18）擅自销毁爆炸物品

某工区爆炸杆塔基础作业结束后，还剩一支雷管。一名工人欲将其处理掉，他从别人手中拿过正在燃烧的导火线，误将燃烧的一头插入雷管，当即引爆，将其右手三个指头各炸断一节。

防范方法：应让职工明确个人不得擅自处理销毁爆炸物品，对违反规定、擅自处理销毁爆炸物品的，应进行严肃的批评教育和处罚。

（19）在易燃易爆场所明火照明

某发电厂一名值长下到水泵室去检查设备和观察水位时，因照明灯离泵室地面较高，他又忘带防爆手电筒，看不清水位，便划火柴照明，只听"轰"地一声，身旁的一小桶汽油产生爆燃，这名值长被严重烧伤。

防范方法：在存有汽油等易燃易爆物品的场所，严禁明火照明。对明火照明的，应及时制止。

（20）穿钉有铁掌的鞋子进入油区

油区有严格的防火措施。进入油区的工人，应进行登记，交出火种，不穿钉有铁掌的鞋子。但有的工人却认为"穿钉有铁掌的鞋子进入油区，不会出事"。他们不了解，钉有铁掌的鞋子与水泥地面或铁器摩擦，容易发出火花，引起爆燃。

防范方法：应讲清楚进入油区的有关规定，让员工严格遵守。同时要严格检查，发现穿有铁掌鞋子者，不准入内。

（21）用箍有铁套的胶皮管卸油

有的工人在卸油时，不认真检查是否安全可靠，竟把箍有铁套的胶皮管或铁管接头伸入卸油口。被制止后，他们却说："胶皮管不导电，为什么不让使用。"其实，使用箍有铁套的胶皮管或铁管接头，碰击时会进放火花，极易将油点燃。

防范方法：应讲清楚使用箍有铁套的胶皮管或铁管接头卸油存在的危险，对违反规定的，应立即劝止并给予批评教育和处罚。

(22) 不采取防护措施便直接搬运危险物品

搬运装着浓酸或浓碱溶液等危险品装置时，有的工人采取肩扛、背驮或怀抱的方法。这样做非常危险，如果滑落工人将会被砸伤，溶液溢出，人体会被灼伤。

防范方法：应当向员工讲清楚用肩扛、背驮或怀抱的方法搬运危险品存在的危险性，禁止使用这些方法搬运。发现有人肩扛、背驮或怀抱搬运时，应立即劝止并纠正。

(23) 火焊切割前不彻底清洗装有易燃品的物品

某发电厂一名工人在用火焊切割盛装氯丁胶（黏合剂）的铁筒时，没作彻底清洗，先用火点燃筒盖作试验，没点着，便去切割。作业中，筒里的残渣起火爆燃，一声巨响，将筒底崩离10多米远。

防范方法：火焊切割装过易燃易爆物品的物体之前，须对其进行彻底清洗，不能留有残渣。

(24) 封闭场所作业常见违章行为及纠正

随意进入井下或沟内工作：有的工人发现电缆沟、输水沟、下水井或排污井故障，未做好安全措施盲目地入内排除，结果因地沟或井下通风不良而窒息。

纠正方法：进入电缆沟、下水井或排污井内工作，必须经过运行班长许可。工作前，必须检查这些地点是否安全，通风是否良好，有无瓦斯存在，并设专人监护。未经许可不得进入井下和沟道内工作。

(25) 用燃烧的火柴投入地下室内作检查

在检查地下室有无有害气体时，有的工人不是使用专用的矿灯或小动物，而是用燃烧的火柴或火绳投入室内。如果地下室内有瓦斯等气体，这样做就会引起爆炸。

纠正方法：应讲清把燃烧的火柴等投入地下室作检查存在的危害。作检查时应采取正确的方法。发现有人向地下室投燃烧的火柴或火绳时，应立即劝止，并给予批评教育。

第四章 识别违章作业，改掉不安全的行为习惯

（26）阀门井内作业，竟用氧气通风驱烟

某厂在近年内连续两次发生在阀门井内作业，工人随意用氧气通风驱烟，造成作业人员烧伤事故。

纠正方法：应讲清在阀门井内作业时，用氧气通风驱烟易引起爆燃的后果，严禁阀门井内作业用氧气通风驱烟。

（27）监护人同时担任其他工作

在容器、槽箱内工作时，外面应该设有监护人，如果监护人不注意观察容器内、槽箱内工作人员的情况，而是从事其他方面的工作就是严重的失职。如果容器或槽箱内人员发生险情，监护人不能及时发现和救护，就会导致人员伤害。

纠正方法：应教育监护人增强责任感，集中精力做好监护工作。对监护人不能分配其他工作，确保专人做好监护工作。

（28）肩扛重物攀登移动式梯子或软梯

在作业中，有的员工肩扛重物攀登移动式梯子或软梯，因荷重失稳，从梯子滑落或从软梯上坠落而致伤。

纠正方法：应讲清肩扛重物攀登移动式梯子或软梯存在的危险性，严禁肩负重物登梯，对肩负重物登梯者应立即劝止。

（29）高处抛物

某吊车司机在高处清扫吊车跑道时，发现跑车走台上有2根槽钢（14毫米×6.5毫米，长5米，重40千克），就随手往17.5米平台扔去。第一根槽钢落在了平台上，第二根槽钢被弹出到地面，将正在作业的一名工人击中致死。

纠正方法：所有人员都应明确，严禁从高处抛物，发现有抛物的现象，应立即制止。

（30）高处传递物件不系牢

在安装铁塔附件时，一名作业人员往下松双钩紧线器，同时用小绳的另一端把防震锤带上去。由于小绳未系牢，双钩紧线器落地后，防震锤坠下，砸在这名工人脚上。

纠正方法：员工应明确，用小绳传递物件时，必须把绳扣系牢。系绳扣时，应认真检查物件是否捆绑牢固。

（31）在高处作业下方站立或行走

在安装铁塔防震锤时，一名作业负责人在地面行走，防震锤突然下落，砸在他的安全帽上，导致头部伤害。

纠正方法：高处作业时，下方不得有人站立或行走。作业人员应互相监督，对在高处作业下方站立或行走者，及时劝阻。

（32）高处作业时随意跨越斜拉条

在高处作业时，有的工作人员不是按规定的路线行走，而是走近处，从斜拉条上跨越。有可能一脚踏空，从高处坠落伤亡。

纠正方法：在高处作业不得随意跨越，并需系好安全带。对胆大妄为或麻痹大意者的违章行为，应及时纠正与处罚，并帮助他们增强安全观念。

（33）在高处平台上倒退着行走

在高处平台作业时，有的工作人员手拿氧气带和乙炔带割把，倒退着行走，只注意观察手拿的物品不被刮住，却忽视观察身后的预留口，导致失足坠落，造成伤害。

纠正方法：在高处平台作业时，应一丝不苟地落实防护措施，树立牢固的安全意识，一举手一投足都要小心谨慎，以防万一。

（34）冒险在 T 型单梁上行走

某工程现场，一名工人为其他小组人员递送梅花扳手，为走捷径，冒险在 T 型单梁（宽 160 毫米）上行走，不慎坠落于地面。

纠正方法：应讲清在单梁上行走存在的危险，严禁在单梁上行走。高处作业人员必须系好安全带。对欲在单梁上行走的人员，应立即劝阻。

第五章
识别违反劳动纪律行为，从自我行为上保证"三不伤害"

劳动纪律是我们在作业中安全的"守护神"，只要我们从心底里认定并遵守劳动纪律，严格遵守规章制度，做好相关防护，谨慎工作，把"三不伤害"原则植入心底，才能让不安全远离我们。

> 员工不安全行为的自我识别与防范

1. 劳动纪律是安全的保护伞

劳动纪律是用人单位为形成和维持生产经营秩序，保证劳动合同得以履行，要求全体员工在集体劳动、工作、生活过程中，以及与劳动、工作紧密相关的其他过程中必须共同遵守的规则。

劳动纪律不仅仅是做好工作的前提，更是安全工作的保障，劳动者在共同劳动中必须遵守的规则，要求每个劳动者按照规定的时间，程序和方法，完成自己承担的任务，保证生产过程有秩序地协调进行。遵守劳动纪律是组织社会化大生产的客观要求，是企业组织与指挥生产的重要保证。劳动纪律包括组织管理、技术工艺和考勤三个方面。具体内容有：服从工作分配、调动和指挥，个人服从组织，下级服从上级；按照计划安排，积极完成生产（工作）任务；遵守企业规章制度，如岗位责任制度、岗位资格制度、技术操作规程、安全操作规程、交接班制度等；遵守考勤制度，按时到达工作现场，坚守工作岗位，不串岗、睡岗、代岗；严格按照规定做好自我防护，规范穿戴劳动保护用品、严格执行安全监护等。

违反劳动纪律也是事故发生的重要原因，许多事故之所以发生，与员工的纪律意识不强、不守章守纪关系密切。

某石油化学厂由于外线突然停电，生产未能按计划正常进行。11时30分送电后，该厂锂基脂工段第一工序热油釜点火升温（热油釜系用40摄氏度机械油作热载体的供热设备，为常压操作设备），当时天然气压力为0.02兆帕。至12时25分，热油釜升温后，其他生产准备工作相继开始，因送电晚，蒸汽压力较低，配料岗位的硬脂酸未熔化，锂基脂工段未投入联动运行。

14时30分，蒸汽压力上升至0.04兆帕，由于没有对天然气

第五章
识别违反劳动纪律行为，从自我行为上保证"三不伤害"

压力按工艺操作规程进行调试，15时左右，油温升高沸腾，热油釜内压力上升。此时，由于当班热油釜司炉工擅自脱岗，到二楼操作室议论出差事宜，致使油温无人控制。热油釜油蒸气冲开石棉盘根，从加油孔入孔处大量外溢，遇天然气火焰引燃爆炸。瞬间浓烟、火焰窜至二楼，封闭了操作室门窗。当时室内人员有6人从窗台跳出，未跳窗2人，1人被烧死在现场，1人在送医院途中死亡，另1名重伤员住院后因并发败血症抢救无效死亡。

造成这起爆炸事故的直接原因，是当班热油釜司炉工违反劳动纪律，擅自脱岗到二楼操作室议论出差事宜，致使油温无人控制酿成重大事故。

除了离岗、脱岗、睡岗、代岗等这些常见的违犯劳动纪律的行为，还有一种很严重的违纪行为——无证上岗。一些特殊岗位要求持证上岗，是劳动纪律的重要内容，也是保证质量和安全的有效措施。对员工来说，持证上岗也是保障自己安全的必要措施。

持证上岗使每个在岗位上的作业人员都知道自己应该做什么、应该怎么做，有没有资格做，有没有能力做。我们要充分认识持证上岗的重要性和必要性，知道实施持证上岗制度是规范安全行为的重要保证。

2010年11月15日，上海市静安区胶州路728号公寓大楼发生特别重大火灾事故，造成58人死亡，70余人受伤，直接经济损失1.58亿元。事故发生后，党中央、国务院高度重视，中央领导作出重要指示，要求全力组织灭火，千方百计搜救被困人员，千方百计做好伤员救治工作，做好善后处理。11月17日，由国家安全生产监督管理总局、监察部、公安部、住房和城乡建设部、全国总工会和上海市人民政府及有关部门人员组成的国务院事故调查组成立。最高人民检察院应邀派员参加。事故调查组经过调查取证，查清了事故原因、性质和责任，提出了对有关责任人员的处理建议和防范措施。

国务院事故调查组查明，该起特别重大火灾事故是一起因企业违规造成的责任事故。经过调查事故原因发现，在胶州路728

员工不安全行为的自我识别与防范

号公寓大楼节能综合改造项目施工过程中，施工人员无证违规在10层电梯前室北窗外进行电焊作业，电焊溅落的金属熔融物引燃下方9层位置脚手架防护平台上堆积的聚氨酯保温材料碎块、碎屑，引发火灾。

一个既没有进行专业理论知识培训和考试，又没有进行专业技能考核的无证人员，从事特种作业工作。操作人员既不懂特种作业工作的特殊性又不知道特种作业应注意的事项，在无人监管和无有关安全措施的情况下，造成了这起震惊全国的特大火灾事故，教训深刻，结果悲痛。因此，我们要做到持证上岗工作，保障自身的安全。

锅炉、压力容器、压力管道、电梯、起重机械、客运索道、大型游乐设施等设备是特种设备，需要经过专门的培训并取得上岗证的人员才能操作。为加强对施工现场特种作业人员的安全监督管理，预防安全事故的发生，保障施工现场人员生命和财产安全，国家制定了施工现场特种作业人员持证上岗制度。该制度所指特种作业人员系施工现场从事电工、焊工、登高架设、起重机械操作、起重信号、爆破等作业的人员。

《特种作业人员安全技术培训考核管理规定》

第四条　特种作业人员应当符合下列条件：

（一）年满18周岁，且不超过国家法定退休年龄；

（二）经社区或者县级以上医疗机构体检健康合格，并无妨碍从事相应特种作业的器质性心脏病、癫痫病、美尼尔氏症、眩晕症、癔病、震颤麻痹症、精神病、痴呆症以及其他疾病和生理缺陷；

（三）具有初中及以上文化程度；

（四）具备必要的安全技术知识与技能；

（五）相应特种作业规定的其他条件。

危险化学品特种作业人员除符合前款第一项、第二项、第四项和第五项规定的条件外，应当具备高中或者相当于高中及以上文化程度。

第五条 特种作业人员必须经专门的安全技术培训并考核合格，取得《中华人民共和国特种作业操作证》（以下简称特种作业操作证）后，方可上岗作业。

特种作业的员工应当接受发证机关的复审，未参加复审或复审不及格的证书无效。特种作业人员应随身携带特种作业操作资格证书，自觉接受建设（管）行政主管部门和安全监督机构的监督检查。因而没有上岗资格证就上岗，就是一种十分危险的行为，也是违反劳动纪律的行为，是不允许的。

具体说来，在安全生产中，违反劳动纪律的行为主要有以下表现。

①在禁火区吸烟。

②上班时间，睡觉、干私活、离岗、串岗和干与生产无关的事。

③班前、班中喝酒。酒后作业，酒后开车。

④工作时间，有分散注意力的行为，如嬉笑打闹。

⑤把外来人员带入生产岗位。

⑥非岗位人员任意在危险、要害、动力站（房）区域内逗留。

⑦进入生产岗位，不按规定穿戴劳保用品。

⑧抽加有毒、窒息性气体的设备、容器、管道的盲板时，未使用隔离式防毒面具或使用过滤式防毒面具。

⑨在有毒气体区域作业不带防毒面具。

⑩检修操作酸碱设备时未戴好防护用品。

⑪女工进入生产现场时，未将发辫盘放入工作帽或安全帽中。

⑫操作旋转机床设备或进行检修试车时敞开衣襟、戴围巾、头巾或穿裙子、系领带操作。

⑬操纵带有旋转零部件的设备（如车床、钻床、台钻、切割机等）时戴手套、留长发，工作服的三口（领口、袖口、下口）未收紧的，护目镜未戴好，用手直接拉残屑（不用工具）的。

⑭在金属加工时，凡有颗粒铁屑、铜屑飞溅的场合，未戴护目镜。

⑮进入生产、检修现场未戴安全帽或未系下颏带。

⑯上班时间穿拖鞋、高跟鞋、凉鞋、塑料底鞋或劳保鞋当拖鞋使用。

⑰进入容器、设备内作业，未佩戴或错误佩戴规定的防护用具。

⑱在易燃、易爆、明火、高温作业场所穿化纤服。

⑲高处作业，未系安全带。安全带，低挂高用。

⑳使用安全装置不齐全的设备。

㉑设备上有安全装置，而开车操作时不用。

㉒任意拆除（解除）设备上的安全、照明、信号、防火、防爆装置和警告标志、显示仪表。

㉓未经批准，擅自到别的岗位，开动本工种以外设备。

㉔工作中无故串岗，或未经批准，进入要害场所或部门。

㉕随意拆除、改动各类安全装置、环保设施、检测仪表或警示标志。

㉖未按交接班制度规定，下班前未清理场地、切断电源、关闭门窗、清理和熄灭火种。

㉗发生事故未采取措施防止事故扩大。

㉘对机电设备未定期维护、检修。

㉙安全仪器、仪表未定期送检。

㉚车辆超速、超载或不按有关规定捆绑货物在厂区内行驶。

㉛搬运装卸作业铺设的跳板不符合有关规定的，夜间搬运装卸时照明不够。

㉜推运滚动物件，人站在物件前面，上坡时未采取防滑动措施。

㉝多人搬运，口号不一致，指挥不明确。

违反劳动纪律，是事故发生的重要原因之一。这些行为都是违反劳动纪律的危险行为，广大员工一定要努力克服，及时纠正，全面杜绝才行。

之所以违纪，主要是因为对工作不负责任，自律意识差，安全意识淡薄。上岗上班期间擅自脱岗、睡岗、串岗；班前班上喝酒；在禁止吸烟区域吸烟；在工作时间内从事与本职工作无关的活动；未经批准任意动用非本人操作的设备和车辆；无证违章操作；滥用机电设备或车辆等。如果平常已经习惯了自由散漫、为所欲为，根本不把纪律放在眼里，明知是违纪行为也置之不理、我行我素，事故当然就不可避免。这需要员工在平时的工作中严格自律，时刻纠正，遵守劳动纪律，以保护自己的生命不受伤害。

2. 自防自护是避免伤害事故的关键

遵守劳动纪律，最重要的一条就是严格按照劳动纪律的规定，做好自我防护工作。自己的安全自己管，这是最基本的安全原则。自己的安全自己不负责，没有谁能为之负责。所以自防自护是安全的重要原则，也是避免伤害事故的关键。

某采油矿的一个前线小队正在组织员工铺设场地道板。所用的道板都是重达1吨多的水泥道板，所以由矿抽保队的吊车进行配合。由于工作量大，天又热，司机和起重工都很疲劳，当吊到第五块时，起重工小吴靠边想凉快一下，可他刚刚蹲下，就听咣当一声，一个重约1千克的铁块从空中落了下来，不偏不倚地正好砸在他的安全帽上，他一下子呆住了，脸色铁青。其他在场人员也被这突如其来的情况吓呆了，纷纷赶过来查看情况。吊车司机就更不用说了，吓出了一身冷汗，急忙下车询问小吴伤着没有，发现小吴还在惊恐之中，摘下安全帽一看，外面已然有了一道裂口，好在小吴安然无恙。拾起掉下的铁块，方知是5米多高的某处断裂而掉下来的大钩，幸亏小吴戴了安全帽，否则后果不堪设想，在场的人都说，是安全帽救了小吴的命，不然惨剧就会发生。

自己的安全自己管，自己做好安全防护，是最有效的安全途径，也是避免伤害事故的关键。就像上例中的小吴，要是没有戴上安全帽，没有自防自护的意识，这样大的铁块掉下来砸到头上，后果真是不堪设想。

"为避免或减轻在工作中伤害事故的发生，在工作前必须穿戴好劳保

员工不安全行为的自我识别与防范

用品。"这是安全工作老生常谈的一句话。可是在工作中我们常常会发现许多员工在对待安全问题上存在侥幸心理，总以为自己与事故无关、和危险无缘，随心所欲、无拘无束，不认真、不细心，工作大大咧咧。工作服不想穿，嫌麻烦；安全帽不愿戴，嫌太紧；防护鞋不想穿，嫌太重；手套更不想戴，嫌不方便……要不然就是防护服不系扣，安全帽不紧拉绳，口罩、手套、耳罩干脆扔一边；还有人在作业现场随便把安全帽摘下；有人在高空作业时不系安全带，有人随意脱离一下岗位，有的人在高温设备面前穿着背心、拖鞋进行操作，有些人因为天气太热或者嫌麻烦而不穿戴劳保用品……一时的侥幸，也许不会发生任何事故，久而久之，当"三违"行为成了习惯动作，隐患就会无处不在，事故也会随之而来。

>>>

某钢铁（集团）责任公司炼铁厂原料车间班长发现锰矿运输皮带上无料而空转，矿槽被堵。班长便临时抽调本班工人于某、宋某等去处理。为防止捅料时掉入矿槽内，于某等人都系了安全带。没想到捅料时，料槽突然打开，于某随矿料陷入矿槽并被埋至胸部，其他人立即下到槽内扒料抢救。但是大家一边扒矿料，于某一边陷得更深。最终安全带脱落，于某窒息死亡。事故原因很清楚：于某在矿槽捅料时，虽系了安全带，但系的方法和部位不正确，导致坠入料槽致死。

某医疗中心D区工程工地上，在降低塔吊高度时，因塔吊平衡臂突然断裂，塔吊上施工的2名工人从高处坠落，当场死亡。其余8人不同程度受伤，其中1人抢救无效死亡。从事故现场发现，这10名工人在作业时，无一人佩戴安全帽和安全带。

>>>

防护用品的重要作用就是保护员工不受伤害，特别是像安全帽、安全带、防护鞋、防护手套这一类的物品，根本的作用就是保护我们的安全。为什么要硬性规定一定要穿戴这些防护用品？原因就是这些岗位有安全风险存在，为了最大限度地降低危险，才采取穿戴防护用品的方法来补救。那么一旦轻视防护的作用，甚至放弃防护，伤害也就不可避免了。

安全，最主要、最核心的因素还在于员工，员工的安全意识对安全行为的制约又是关键中的关键，因而抓安全要从提高安全意识开始。必须有自防自护的意识，并采取相应的自防自护的措施，主动积极地保护自己，才能有真正的安全。

> 佛经里有一个盲人提灯的故事：
> 有一个盲人，晚上出门总提着一个明亮的灯笼。别人看到了，很是奇怪，就问他："你又看不见，为什么还要提着灯笼走路？"
> 盲人认真地回答："这个道理很简单，我提灯笼当然不是为自己照亮道路，而是为了给别人照亮，让他们能看见我，不会撞倒我呀。"

这个小故事对于安全工作和自我保护而言，启发良多。在生产中我们有太多的事故都是因为缺乏自我防护意识而酿就的，不难想象，如果做好安全保护措施，严格按规程操作，也就是说像"盲人点灯"的盲人一样高度重视"自我防护"，类似这样的事故是完全可以避免的。所以提高自我防护意识，做好安全的自防，意义非凡。

3. 严守"三不伤害"原则，遵守劳动纪律

"不伤害自己，不伤害别人，不被别人伤害"，是安全中的"三不伤害"原则，也是我国为减少生产中的人为事故而采取的一种互相监督、互相督促的安全生产原则，更是劳动纪律的重要内容。其实也就是"自己的安全自己负责，他人的安全我也有责，企业安全我要尽责"，把反违章贯彻到每一个人的行动中去，群策群力，人人负责，共同维护安全。

(1) 不伤害自己

"不伤害自己",就是要提高自我保护意识,不能由于自己的疏忽、失误而使自己受到伤害。它取决于自己的安全意识、安全知识、对工作任务的熟悉程度、岗位安全技能、工作态度、工作方法、精神状态、作业行为等多方面因素。其实,我们每一个员工的主观愿望都希望自己安全,只是由一些错误的意识驱动,造成自己伤害自己的后果。比如说有些有侥幸心理,尽管知道违章作业不对,但在侥幸心理驱使下,总认为以前这样做没有发生事故或危险,现在也不会发生事故或危险,于是漫不经心、铤而走险、贪图方便、凑合应付。违章作业习以为常,久而久之导致事故发生,伤害了自己。要做到不伤害自己,就要按照安全操作规程去进行操作,工作时要考虑一下自己的行为是否有可能对自己造成伤害,任何时候都严格按照"三大规程"作业,并且要严格按要求佩戴劳动保护用品,在作业中知道如何保护自己,以达到不伤害自己的目的。每一个员工都要做到保持正确的工作态度及良好的身体心理状态,保护自己的责任主要靠自己。掌握自己操作的设备或活动中的危险因素及控制方法,遵守安全规则,使用必要的防护用品,不违章作业。任何活动或设备都可能是危险的,确认无伤害威胁后再实施,三思而后行。杜绝侥幸、自大、逞能、想当然心理,莫以患小而为之。积极参加安全教育训练,提高识别和处理危险的能力。虚心接受他人对自己不安全行为的纠正。

(2) 不伤害别人

"不伤害别人",就是要求在生产工作中,我们自己的行为不要给别人的工作留下任何安全隐患,更不能给别人造成伤害。这就要求我们在工作中要认真、细心地按安全操作规程进行每一项工作,并且要考虑自己的行为是否会对别人的安全构成隐患。

在多人作业时,如果自己不遵守操作规程,对作业现场周围观察不够以及操作失误等原因,自己的行为就有可能对现场周围的人员造成伤害。他人生命与自己的生命一样宝贵,不应该被忽视,保护同事是每一个员工应尽的义务。每一个员工在工作中时时刻刻绷紧安全这根弦,严格遵守劳动纪律,坚持按章作业,在操作中不要有任何侥幸心理。

具体要做到:每一个员工的活动随时会影响他人安全,尊重他人生命，不制造安全隐患；对不熟悉的活动、设备、环境，多听、多看、多问，进行必要的沟通协商后再做；操作设备尤其是启动、维修、清洁、保养时，要确保他人在免受影响的区域；自己所知道的、造成的危险要及时告知受影响人员并加以消除或予以标识；对所接受到的安全规定/标识/指令，认真理解后执行；管理者对危害行为的默许纵容是对他人最严重的威胁，安全表率是其职责。

（3）不被他人伤害

"不被别人伤害"，就是要我们加强自身防范和自我保护能力，就是要员工对自己的工作环境的危险程度和可能出现的不安全因素做出判断，并运用自己获得的安全知识、技术，正确的操作方法，必要的手段及时化解危险。例如，在交叉作业时，要预见别人对自己可能造成的伤害，并做好防范措施。在进行电气设备拆装时，要防范别人误送电等。具体要做到：提高自我防护意识，保持警惕，及时发现并报告危险；经常把自己的安全知识及经验与同事共享，帮助他人提高事故预防技能；不忽视已标识的潜在危险，并尽力远离，除非得到充足防护及安全许可；纠正他人可能危害自己的不安全行为，不伤害生命比不伤害情面更重要；冷静处理所遭遇的突发事件，正确应用所学安全技能；拒绝他人的违章指挥，即使是上级领导所发出的指令，如果危及安全，也要大胆拒绝并制止。

不被伤害是每一个人的权利，"不伤害自己，不伤害他人，不被他人伤害"，是保证自己人身安全的重要途径。人的生命是脆弱的，变化的环境蕴含多种可能失控的风险，自己的生命安全不应该由他人来随意伤害。每一个员工都要树立强烈的自我保护意识。不仅自己不要有"三违"行为，还要及时发现和防止他人有"三违"行为，在作业中，要认真监督违章作业，坚决抵制"违章指挥"，自觉防范违反劳动纪律，坚持"不安全不生产"，时刻保持警惕，形成"人人反违章、人人保安全"的态势，每个人都对别人的安全负责，对自己的安全负责，为别人的安全着想，为自己的安全着想，形成"我为人人，人人为我"的安全氛围，安全也就真正有了保障。

4. 劳动防护用品规范穿戴

做好个人防护，首先就是要严格按照规定，及时、正确地穿好防护衣物，戴好防护用品，让我们身处安全的环境之中，保护自己少受伤害、不受伤害。所以，每一个人都应当懂得防护知识，规范穿戴防护用品，才能真正起到防护作用，保护我们的安全和健康，防范安全事故的发生。

（1）个人防护服、规范穿戴方法及作用

白帆布防护服能使人体免受高温的烘烤，并有耐燃烧的特点，主要用于冶炼、浇注和焊接等工种。

劳动布防护服对人体起一般屏蔽保护作用，主要用于非高温、重体力作业的工种，如检修、起重和电气等工种。

棉平布防护服能对人体起一般屏蔽防护作用，主要用于后勤和职能人员等岗位。

（2）防护手套及规范穿戴作用

厚帆布手套多用于高温、重体力劳动，如炼钢、铸造等工种。

薄帆布、纱线、分指手套主要用于检修工、起重机司机和配电工等工种。

翻毛皮革长手套主要用于焊接工种。

橡胶或涂橡胶手套主要用于电气、铸造等工种。

戴各种手套时，注意不要让手腕裸露出来，以防在作业时焊接火星或其他有害物溅入袖内造成伤害；操作各类机床或在有被夹挤危险的地方作业时，严禁戴手套。

（3）防护鞋及规范穿戴及作用

橡胶鞋有绝缘保护作用，主要用于电力、水力清砂、露天作业等岗位。

球鞋有绝缘、防滑保护作用，主要用于检修、起重机司机、电气等工种。

钢包头皮鞋用于铸造、炼钢等工种。

(4) 安全帽的规范穿戴及作用

正确佩戴安全帽的方法：

首先应该检查安全帽的外壳是否破损，有无合格帽衬。帽衬和帽壳不得紧贴，帽衬顶部间隙是否在20~50毫米之间，四周是否为5~20毫米。

安全帽必须戴正。如果戴歪了，一旦受到打击，就起不到减轻对头部冲击的作用。当有物料落到安全帽壳上时，帽衬可起到缓冲作用，不使颈椎受到伤害。必须系紧下颚带。当人体发生坠落时，由于安全帽戴在头部，可起到对头部的保护作用。

员工在戴安全帽时要注意以下几点。

① 要有下颏带和后帽箍并拴系牢固，以防帽子滑落与碰掉。热塑性安全帽可用清水冲洗，不得用热水浸泡，不能放在暖气片、火炉上烘烤，以防帽体变形。不能把安全帽当坐垫用，以防变形，降低防护作用。

② 安全帽使用超过规定限值，或者受过较严重的冲击后，虽然肉眼看不到裂纹，也应予以更换。发现帽子有龟裂、下凹和磨损等情况，要立即更换。

③ 佩戴安全帽前，应检查各配件有无损坏，装配是否牢固，帽衬调节部分是否卡紧，绳带是否系紧等，确信各部件完好后方可使用。

(5) 面罩和护目镜的规范穿戴

防辐射面罩主要用于焊接作业，防止在焊接中产生的强光、紫外线和金属飞屑损伤脸、面部。防毒面具要注重滤毒材料的性能。

防打击的护目镜能防止金属、砂屑、钢液等飞溅物对眼部的伤害，多用于机床操作、铸造捣冒口等工种。

防辐射护目镜能防止有害红外线、耀眼的可见光和紫外线对眼部的伤害，主要用于冶炼、浇注、烧割和铸造热处理等工种。这种护目镜大多与帽檐连在一起，有的是固定的，有的是可以上下翻动的。

(6) 呼吸防护器的正确使用

呼吸防护器主要用来防止有毒气体及粉尘的吸入。棍棍结构和原理呼吸防护器可分为自吸过滤式和送风隔离式两大类。自吸过滤式分为机械过滤和化学过滤两种，机械过滤主要用于防止粒径小于 5 微米呼吸性粉尘的吸入，通常称为防尘口罩和防尘面具；化学过滤主要用于防止有毒气体、蒸汽、毒烟雾等的吸入，通常称为防毒面具。

隔离式呼吸器用在缺氧、尘毒污染严重、情况不明或有生命危险的工作中。

(7) 护耳器的正确使用

护耳器的作用主要是防止噪声危害。主要有耳塞、耳罩和防噪声头盔三大类。进入噪声环境，一定要及时戴上，否则，长期的噪声对听力的影响是非常大的，会形成职业性耳聋。

(8) 安全带的规范使用

安全带是防止高处作业坠落的防护用品，使用时要注意以下事项。

①在基准面 2 米以上作业须系安全带。

②使用时应将安全带系在腰部，挂钩要扣在不低于作业者所处水平位置的可靠处，不能扣在作业者的下方位置，以防坠落时加大冲击力，使人受伤。

③要经常检查安全带缝制部分和挂钩部分，发现断裂或磨损，要及时修理或更换。如果保护套丢失，要加上后再用。在使用安全带时，应检查安全带的部件是否完整，有无损伤。金属配件的各种环不能是焊接件，要边缘光滑。产品上应有"安鉴证"。

④使用围杆安全带时，围杆绳上有保护套，不允许在地面随意拖着绳走，以免损伤绳套，影响主绳。

⑤悬挂安全带不得低挂高用，因为低挂高用在坠落时受到的冲击力大，对人体伤害也大。严禁使用打结和续接的安全绳，以防坠落时腰部受到较大冲力伤害。作业时应将安全带的钩、环挂在系留点上，各卡接扣紧，以防脱落。

⑥在温度较低的环境中使用安全带时，要注意防止安全绳的硬化割裂。

⑦使用后，将安全带、绳卷成盘放在无化学试剂、避光处，切不可折叠。在金属配件上涂些机油以防生锈。

（9）防酸碱用品的正确使用

防酸碱用品是保护工人在生产作业环境中免受酸碱危害的个体防护用品。按防护用品原料可分为：橡胶防酸碱用品，塑料防酸碱用品和毛、合成纤维织物防酸碱用品等类。按防护部位可分为：防酸碱工作服、耐酸碱手套、耐酸碱靴、防酸面罩等类。

个人防护用品的使用者必须按照劳动防护用品使用规则和防护要求正确使用劳动防护用品。使用前要对其防护功能进行严格检查，对于损坏或磨损严重的必须及时更换。特殊作业人员还要有特殊的防护措施，这关系到身体的长期安全，千万不可忽视。

5. 做好职业防护，保护自己不受伤害

在特殊作业环境下工作的人员，要有特殊的防护措施和技术技巧，保护自己不受职业危害因素的伤害。防范职业病伤害，也来不得半点马虎，因为这关系到身体的长期安全，是防范职业病和职业危害的关键，千万不可忽视。特别对于一些有害健康和安全的职业环境，更需要严密防护，才能保证安全。保护自己不受伤害的最好办法就是遵守岗位纪律，做好各种防护工作。

（1）有毒环境作业的防护

根除毒物或降低毒物浓度，如用无毒或低毒物质代替有毒或剧毒物质。但不是所有毒物都能找到无毒、低毒的代替物，因此在生产过程中控制毒物浓度的措施很重要，如采取密闭生产和局部通风排毒的方法，减少接触毒物的机会；合理布局工序，将有害物质发生源布置在下风侧。

做好个体防护，这是重要的辅助措施。个体防护用品包括防护帽、防护眼镜、防护面罩、防护服、呼吸防护器、皮肤防护用品等。毒物进入人体的渠道，除呼吸道、皮肤外，还有口腔。因此，作业人员不要在作业现

场吃东西、吸烟,下班后要洗澡,不要将工作服穿回家。

(2) 粉尘作业环境下的职业防护

生产性粉尘是指在生产中形成的,并能长时间漂浮在作业场所空气中的固体颗粒。生产性粉尘的来源非常广,在生产环境中,单一粉尘存在的情况较少,大多数情况下两种以上粉尘混合存在。长期吸入不同种类的粉尘可导致不同类型的尘肺病或其他肺部疾患,如矽肺、煤工尘肺、石墨尘肺、碳黑尘肺、石棉肺、滑石尘肺、水泥尘肺、云母尘肺、陶工尘肺、铝尘肺、电焊工尘肺、铸工尘肺。而且吸入铅、锰、砷等粉尘,可导致全身性中毒。石棉、放射性矿物、镍、铬等粉尘均可导致肺部肿瘤;一些金属磨料可引起角膜损伤、浑浊,沥青粉尘可引起光感性皮炎等。

预防尘肺病的措施主要有:消除或降低粉尘是预防尘肺病最根本的措施。通过革新生产设备、实现自动化作业,避免操作人员接触粉尘;采用湿式作业,可在很大程度上防止粉尘飞扬,降低作业场所粉尘浓度;对不能采用湿式作业的场所,应采用密闭抽风除尘方法。作业中接触粉尘的人员,在作业现场防尘、降尘措施难以使粉尘浓度降至符合作业场所卫生标准的条件下,一定要佩戴防尘护具。防尘效果较好的有防尘安全帽、送风口罩等,适用于粉尘浓度高的环境;在粉尘浓度较低的环境中,佩戴防尘口罩有一定的预防作用。

(3) 高温作业环境下的防护

在高气温或同时存在高湿度或热辐射的不良气象条件下进行的劳动,通称为高温作业。高温可使作业人员感到热、头晕、心慌、烦、渴、无力、疲倦等,可出现一系列生理功能的改变,高温环境下发生的急性疾病是中暑,按发病机理可分为热射病、日射病、热衰竭和热痉挛。

防暑降温措施有如下三点。

①改善作业环境,增加通风降温设施。

②加强个体防护。高温作业人员应穿耐热、坚固、导热系数小、透气功能好的浅色工作服,根据防护需要,穿戴手套、鞋套、护腿、眼镜、面罩、工作帽等。

③采取必要的组织措施和保健措施。制定合理的劳动和休息制度,调整作息时间,采取多班次工作办法;合理布置工间休息地点;加强宣传教

育，使作业人员自觉遵守高温作业安全卫生规程；定期检测作业场所的气象条件；实行医务监督，对高温作业人员定期进行体检；为高温作业人员提供清凉饮料。

(4) 工作环境噪声和振动的防护

噪声对人体的影响是多方面的。首先是对听觉器官的损害，长时间接触一定强度的噪声，会引起听力下降和噪声性耳聋；其次是对神经系统、心血管系统及全身其他器官的影响，可出现头痛、头晕、睡眠障碍等病症，长期接触较强的噪声可引起血压持续升高，还可出现胃肠功能紊乱，胃蠕动减慢等变化。

长期受外界振动的影响可引起振动病。按振动对人体作用方式的不同，可分为全身振动和局部振动。强烈的全身振动，可使交感神经处于紧张状态，出现血压升高、心率加快、胃肠不适等症状。全身振动引起的这些功能性改变，在脱离振动环境和休息后，多能自行恢复。局部振动病或称手臂振动病，是由于长期接触过量的局部振动，引起手部末梢循环或手臂神经功能障碍。该病的典型表现是手指发白（白指症），并伴有麻、胀、痛的感觉，手心多汗。

为防止噪声、振动对身体的危害，应从以下三个方面入手。

①消除或降低噪声、振动源，采用无声或低声设备代替发出强噪声的设备，如以焊接代替铆接、锤击成型改为液压成型等；机械设备应装在橡皮、软木上，避免与地板直接接触；工具的金属部件改用塑料或橡胶，以减弱因撞击而产生的噪声和振动。

②控制噪声、振动的传播，如采用吸声、隔声、隔振、阻尼等手段。

③做好个人防护，如果作业场所的噪声、振动暂时不能得到有效控制，则加强个人防护是避免遭受危害的有效措施。如在高噪声环境中作业时，佩戴耳塞就是最便捷的防护方法，必要时应佩戴耳罩、帽盔。为防止振动病，作业场所要注意防寒保暖，振动性工具的手柄温度如能保持40℃，对预防振动性白指有较好的效果。合理使用个人防护用品，特别是防振手套、减振坐椅等。

(5) 辐射环境下作业的防护

非电离辐射的防护。由于电磁场辐射源所产生的场能随距离的增大而减弱，所以在不影响操作的前提下尽量远离辐射源；避免在辐射流的正前方作业，可有效防止微波辐射。为防止辐射线直接作用于人体，合理地使用防护用品是十分重要的。穿戴金属防护服可防止射频辐射，穿戴微波屏蔽服、红外线防护服、防护帽、防护眼镜等可防止微波、红外线辐射。激光和红外线防护的重点是对眼睛的保护，除佩戴防护眼镜外，还要定期检查眼睛。

对电离辐射的防护。作业人员要熟悉操作程序和安全操作规程，工作前应认真做好各项准备，如熟悉所用辐射性核元素的放射强度；工作结束后应及时清理用具，清除放射性污染物；在离开作业场所时应洗手或沐浴。正确使用防护用品，如穿戴工作服、防护镜、口罩、面盾等。在放射性工作场所内严禁饮食、喝水、抽烟和存放食品。

(6) 高处作业的防护

所谓高处作业是指人在以一定位置为基准的高处进行的作业。国家标准GB/T 3608—2008《高处作业分级》规定，在距坠落高度基准面2米以上（含2米）有可能坠落的高处进行的作业，都称为高处作业。

高处坠落事故在建筑施工中经常发生，要避免此类事故，必须配齐安全帽、安全带和安全网，它们被称为建筑施工的"三宝"。

高处作业人员，一般每年需要进行一次体格检查。患有心脏病、高血压、精神病、癫痫病的人，不可从事这类作业。

高处作业人员的衣着要符合规定，不可赤膊裸身。脚下要穿软底防滑鞋，决不能穿拖鞋、硬底鞋和带钉易滑的靴鞋。操作时要严格遵守各项安全操作规程和劳动纪律。

攀登和悬空作业（如架子工、结构安装工等）人员危险性都比较大，因而对此类人员应该进行培训和考试，在取得合格证后再执证上岗。

高处作业中所使用的物料应该堆放平稳，不可放置在边缘或洞口附近，也不可妨碍通行和装卸。

安全使用梯子的方法是：

①人员在上下梯子时必须面部朝支撑梯子的建（构）物或支撑物体方向；严禁手持工具或物体上下梯子。

②在梯子上工作应备工具袋，严禁两个人以上站在同一架梯子上同时

作业，梯子的最高两档不得站人，人在梯子上作业时或人站在梯子上时，严禁移动梯子。

③梯子一般不宜接长使用，如必须接长使用时，应用铁卡子或铁线绑扎牢固，并加设支撑，确认无误后，方可使用，严禁将梯子放置在不稳固的物体上使用。

④梯子使用时，如不能用绳索支撑固定，应由专人在下面扶持，应做好防止落物打伤扶持人员的安全措施。在通道处使用梯子时，应设专人监护或设置临时围栏。

⑤在门窗或转动机构附近使用梯子时，应采取必要的隔离防护措施。

不同的岗位有不同的工作要求，不同的岗位有不同的危险，要想在危险的岗位上仍有安全保障，我们除了做好各种防护外，还要遵守岗位纪律。如果只以自己的主观意识来行动，即使再多再严的防护也未必能起到很好的作用。只有在纪律和防护双重方式下我们才能更好地保护自己，让自己不受伤害。

6. 违反劳动纪律行为的防范和纠正

要防范因为违反劳动纪律而引发的安全事故，首先是要杜绝违反劳动纪律的情况发生。对于典型违反劳动纪律的行为，更要严格制度，加强措施，坚决纠正和杜绝，保证安全生产，防范事故的发生。

（1）在不坚固的结构上工作的纠正和防范

行为表现：登高作业时，有的工人不注意检查所登的物体是否坚固，有的工人在石棉瓦的屋顶部作业未采取防坠措施，结果石棉瓦坍塌，人员被摔伤。

纠正方法：在作业前，应认真检查所处的环境是否坚固。如果不坚固，应选择坚固的物体。发现有人在不坚固的物体上作业时，应及时提醒让其停止作业,采取牢靠的安全措施后再作业。

(2) 工作后不能保持良好的现场面貌

行为表现:在工作现场随意堆放工器具和用料,每天工作结束前,不进行工器具和物料的清整与摆放,不打扫工作场所即下班。

纠正方法:良好的作业环境是保证安全生产的重要条件,工作现场的工器具和物料摆放无序,地面不整洁,不仅会给正常工作造成不便,而且还可能伤害作业人员。应依据安全规程要求,督促并教育员工养成保持作业现场整洁、文明生产的良好习惯。

(3) 作业时与他人闲谈

行为表现:操作设备进行工作时,与他人闲谈,不去观察相关仪表的变化。当故障发生后,未及时采取补救措施,后期引发危害更大的事故。

纠正方法:员工应当明确工作时与他人闲谈的危害,严格遵守运行纪律,集中精力工作,严禁工作中与他人闲谈。

(4) 将消防器材移作他用

行为表现:有的工作人员在开门后随手用灭火器挡门或移动灭火砂箱作登高物。

纠正方法:消防器材平时储放生产厂房或仓库内,一旦着火时用以灭火。随意把灭火器材移作他用,会损坏它的性能;如果不归放原处,起火时手忙脚乱,找不到灭火器材,会造成更大的损失。应经常检查消防器材是否妥善保管,如发现移作他用应立即整改。

(5) 阀门不严漏水,往乙炔罐内填放电石

行为表现:某工人发现乙炔发生器水门关闭不严漏水,就用钢撮撮一些碎电石放进乙炔罐里。就在一瞬间,罐内产生的乙炔气体发生爆炸,这名工人被爆炸气体抛出2米多远,身体被严重烧伤。

纠正方法:当发现阀门不严漏水时,应进行检修,不能往乙炔罐内填充碎电石。因为倒入碎电石会产生乙炔气体,与空气混合即会引起爆炸。应加强监护,对违反规定者,应及时制止并给予相应处罚。

(6) 把没有熄灭的烟头扔进吊车驾驶室

行为表现:某吊车司机下班前,把没有熄灭的烟头扔进驾驶室里。这根烟头借助风力,点燃了油布、棉纱等物。火又从窗口和各缝隙间窜出,

引燃设备，造成设备置场一片火海。

纠正方法：员工应经常接受防火安全教育，严格遵守"施工重地、严禁烟火"的规定，不在施工场所吸烟。

(7) 从事切割作业之前，不清理现场

行为表现：某钳工班工人到厂房内切割钢筋，未清理现场，掉落的铁屑和火花溅到附近的一堆木屑上，引起火灾。

纠正方法：加强危险意识教育，从事切割作业之前，应首先清理现场，清除作业环境中的不安全因素。对不清理现场即从事切割的工人，应立即劝阻其停止工作。

(8) 非信号人员操作电梯信号

行为表现：在冷却塔施工中，有一名工人进入塔上电梯信号房，见信号员打水离开，便擅自操作电梯信号。这时，听到要电梯的信号铃响，他见电梯里没人，就回了信号。电梯迅速下降，把一名正在从电梯走出的工人挤伤。

纠正方法：严禁非信号员操作电梯信号。信号员不得把电梯交非信号员使用，非信号人员应自觉遵守规定，不得擅自操作，对信号员托付使用的，应予以拒绝。发现非信号员操作电梯信号的，应严肃批评教育和处罚。

(9) 高处传递物件不系牢

行为表现：在安装铁塔附件时，一名作业人员往下松双构紧线器，同时用小绳的另一端把防震锤带上去。由于小绳未系牢，双钩紧线器落地后，防震锤坠下，砸在这名工人脚上。

纠正方法：用小绳传递物件时，必须把绳扣系牢。系绳扣时，应认真检查物件是否捆绑牢固。

(10) 储料斗整体组合时，随意割掉斜撑杆

行为表现：某班工人对储料斗进行整体组合时，费了很大劲，两侧立板仍与底板两边相差较大。他们认为这是因为拉筋和斜撑杆的作用，使侧立板不能到位。于是，就用火焊将 2 根直拉筋和 6 根斜撑杆全部割掉。结果在移动时，两侧立板倒塌，将一名作业人员压伤。

纠正方法：应了解直拉筋和斜撑杆是防止倾斜坍塌等失稳作用的，不

能随意割掉。如果它们确实妨碍就位，应报告工程技术人员调整作业方案并采取可靠的防止失稳措施。

(11) 用绳索溜放木脚手杆时，大头朝下绑扎不当

行为表现：某施工现场用小绳溜放一根10余米长的木脚手杆时，让脚手杆大头朝下，因绑扎方法不当，绳扣逐渐移向小头松脱以致无法控制，使脚手杆从20米高处掉下，将下面收拾工具的人员砸伤。

纠正方法：在无可靠安全措施时，严禁在重物垂直下方作业。绑扎长细木脚手杆时绳扣应绑扎两点以上。两头直径不同的杆件，绳扣中心应靠近大头一侧，使小头先下，以防绳套脱开。系完绳扣后，要认真检查是否牢固，不合格的，应重新系好。

(12) 从井架外侧攀爬上下

行为表现：在烟囱水塔施工时，有的作业人员不在烟囱水塔内侧上下，而是从外侧的井架上攀爬，因体力不支失手坠落。

纠正方法：作业人员明确，必须在烟囱水塔内侧的通道处上、下，决不允许从外侧攀爬，发现有从外侧攀爬者，应立即纠正并严厉处罚。

(13) 接受命令后不作复诵即操作

行为表现：某发电厂在将线路656号断路器断开作业中，一个工人接到命令后，不作复诵，就走到更衣箱处换衣服，然后在无人监护的情况下，走向66千伏变电所，误拉636号东隔离开关。在拉隔离开关中发现有强烈的弧光，才发现拉错了。

纠正方法：作业人员应明白接受命令后不作复诵即操作存在的危险。在作业中，应执行唱票复确制以明确任务，不在无人监护下擅自操作。

第六章
识别冒险蛮干行为，堵上行为安全的缺口

冒险蛮干，是很多大胆员工的行为，但就其本质来说，冒险就是拿生命开玩笑，就是对自己的安全不负责任！冒险蛮干只会给自己、同事、企业带来损害和麻烦。识别冒险行为，防范蛮干冲动，堵上安全缺口，以"安全第一"来自我约束才是真正的好员工。

> 员工不安全行为的自我识别与防范

1. 冒险本身就是一种特别危险的行为

冒险行为,也就是明知危险而为之的一种行为。从其行为定性而言,带有对未知危险程度和风险发生概率的自然环境和现象进行主动寻究、考察的特征,是明知有危险却主动去探究的自我冒险行为。

"八月十八潮,壮观天下无",钱塘江的海潮一直是天下胜景之一。迷恋大潮之壮观景象的也大有所在。每年追潮观潮甚至冒险到险地观潮,不惜性命的也大有人在。据统计,20年内,因为观看钱塘江大潮,已经有约百人死伤。1993年10月3日(农历八月十八),杭州萧山围垦20工段,部分外来群众聚集到深入江中的丁坝上观潮。大潮到来时卷走105人,致19人死亡,27人受伤,40人下落不明。1999年9月,有19名观潮游客被大潮卷走身亡。

虽然明知大潮汹涌,危险重重,但冒险观潮者仍络绎不绝。2011年9月16日,举世闻名的天下奇观钱塘江大潮如期而至,吸引了大批中外游客慕名前来一睹钱塘江大潮的壮观。但由于2011年潮水特别大,到钱塘江看潮的人很多,发生在钱塘江的溺水事件也是接二连三。壮观的钱塘江大潮夺走了3条观潮人的性命。

冒险行为与冒险作业,是指明明知道这种行为或者从事作业存在危险,却不顾规章制度的规定或者他人的劝告,执意采取冒险行为或者冒险作业。通常这种人具有骄傲自大、好大喜功的特点,喜欢在众人面前争强好胜,图虚荣,不计后果蛮干。冒险本身就是一种特别危险的行为,也是引起违章操作的重要心理原因之一。主要表现就是明知山有虎，偏向虎山行；还有的是受激情的驱使，有强烈的虚荣心，怕丢面子，硬充大胆，所以冒险作业。殊不知这种冒险正是在拿自己的生命开玩笑。从事故原因统计的角度来看，大多数事故是违章行为引发的，但是，从微观上看，并不是每一次违章行为都会导致事故，导致事故的违章行为仅仅是作业者多次违章行为中的一次。

冒险作业事故频发，与肇事者的心理因素有很大的关系，通常是冒险心理、侥幸心理、麻痹心理等几种心理因素共同作用的结果。侥幸心理的表现特征是：碰运气，认为不一定会发生事故，过于相信自己的能力。冒险心理的表现特征是：争强好胜，喜欢逞能，为争取时间，不按规程作业；一般只顾眼前一时得失，盲目行动，不听劝阻，把冒险当作英雄行为。这种心理以青年员工为盛，应引起特别注意。麻痹心理的表现特征是：并不感到有什么危险，麻痹大意，忽视安全。

如果每一次违章都会导致事故，相信很少有人会去冒险。也正是因为这一点，才使作业者误认为，自己的行为比较安全或者作业环境比较安全，即使违章冒险也不会出事故，这种视小概率事件为零的错误思想正是作业者敢于违章冒险的心理基础。

有观点认为，这种冒险的心理和行为除了与员工的安全意识和安全技能有关外，还与其性格有关系。

1919年美国科学家提出了"事故倾向性格"理论，这一理论是在研究军需品工厂女工事故分布时发现的。通过研究发现，一些女工多次发生事故，而另一些女工却没有发生事故，因而将发生事故较多的女工称为具有"事故倾向性格"的人。例如，98名女工在一起工作，她们的工作环境和危险都是相同的，在一定时期内共发生136起事故，若按随机假设，应该有24名女工不发生事故，一名女工发生4次以上事故。然而实际上，有43名女工未发生事故，却有5名女工发生4次以上事故。显然，少数女工具有较高的事故发生率，这些多次发生事故的人即是事故多发者。因此，根据这一事实提出的事故倾向性格理论是建立在如下认识之上的：事故总是由少数的、具有事故倾向性格的人造成的。

在现实工作和生活中，这种情况也出现过：在同一企业或者同一车间、班组，从事同样工作的人，有些人从来没有发生过事故，有些人却大小事故不断。研究发现，那些容易冲动、不守规矩、动作不协调、缺乏同情心、心理不平衡的人更容易发生事故。所以有这些行为倾向的员工要特别注意，时时反省自己的行为，注意促进自己遵章守纪意识的养成，提高遵章守纪的自觉性，增进安全意识，消除冒险思想，改掉冒险的毛病，抵制冒险行为，做一个遵章守纪的好员工。

2. 疲劳工作也是一种冒险

疲劳，是指劳动者连续工作一段时间后，由于连续不断消耗身体能量导致的一系列生理和心理变化，并引起作业能力下降的现象。通常可分为肉体疲劳和精神疲劳。疲劳实际上是一种人体适应内外环境改变的生理反应，是人体本能的防御机制，也是人体自身的一种保护性反应。这时身体在提醒自己需要休息，而不应当继续工作。这个时候如果不休息而是继续工作，则会对身体健康和安全都带来重大影响。特别是安全方面，通过对一些安全生产事故的分析我们可以发现，疲劳工作正是一些事故的直接原因。

前几年，在贵州省贵毕公路上，一辆双层巴士在上坡时冲出左行车道前方的防护栏后，翻到斜高137米的路坎下，造成21人死亡，25人受伤。事故的直接原因就是司机疲劳驾驶。

黑龙江省哈同公路发生重大交通事故，大客车司机因打瞌睡撞上已经发生碰撞事故的大货车和轿车，造成19人死亡，多人受伤。

这些事故的主要原因是疲劳驾驶。各国大量研究表明，20%左右的重大交通事故与疲劳驾驶相关。我国疲劳驾驶的情况则更为严重：在当前特大交通伤亡事故中，由于疲劳驾驶造成的占40%左右，并有增加的趋势。

不仅仅是驾车，其他工作也是一样，疲劳工作是很危险的行为。人在疲劳时，其身体、生理机能会发生一系列减退现象，使作业中容易发生事故。疲劳会引起困倦，导致作业时人为失误增加。过度疲劳的人会出现身体不适，头晕、头痛，控制意志能力降低，注意力涣散，信心不足，工作能力下降；严重时，疲劳导致感觉机能，运动代谢机能发生明显变化，脸色苍白，多虚汗，作业动作失调，语言含糊不清，无效动作增加等，从而较易发生事故；在工作方面，疲劳导致继续工作能力下降，工作效率降低，工作质量下降，工作速度减慢，动作不准确，反应迟钝，从而引起事故。

就拿驾驶来说，如果是在体力充沛、精力足、思想集中的情况下，驾驶员处理紧急情况时大多都能举措得当。其反应速度、动作协调性、配合默契程度等，都能控制在一个合格的范畴内。假如是疲劳驾驶，情况就大相径庭了。单是刹车距离一项，就令人瞠目结舌。同样的速度行驶，疲劳时的反应速度和刹车距离要比精力集中时超出85%。这样的状态，往往会造成极为严重的后果。

疲劳工作就是一种极大的冒险。因为疲劳工作会导致严重的后果。所以员工要及时休息，纠正疲劳工作，提高工作效率，也防范安全事故。

导致疲劳的主要原因有三个。一是劳动时间过长，劳动负荷过大，工作速度过快，工作体位不良，工作岗位不稳定，夜班连续作业等。二是长时间静态作业。静态作业虽然耗能水平不高，但由于人体的心血管往往难以维持收缩肌肉中被压血管的稳定血流而使局部肌肉缺氧，细胞代谢产生的乳酸堆积引起疼痛从而导致疲劳，如支持重物、把握工具、压紧加工物件等。三是连续单调的作业。如依附于流水线作业的人员，周而复始地做着单一的工作，这种机器人式的作业，使人容易产生厌烦疲劳，这种疲劳并不是体力上的疲劳，而是大脑皮层的一个部位经常兴奋引起的抑制。现代科学已经证明了连续单调作业导致疲劳的事实存在，从事连续单调作业的人员其工作效率往往在接近下班时反而上升了，这就是由于作业人员感到快要从单调的工作中解放出来而引起的兴奋所致。

　　找到疲劳的原因，就能积极采取措施，尽可能缓解疲劳。对于现代化连续性的生产企业，可以最大限度地减轻夜间生产的作业量，以减轻人体的生理和心理消耗。对员工要根据劳动强度确定相应的工作量，从而合理安排岗位人员数量，保证员工的休息时间。企业可以采取多种多样的休息方式，满足员工的需要。对于连续、紧张生产的工人，工间休息多以自我调节为主，但不宜播放音乐；对于重体力劳动的作业人员以静止休息为主，但也要配合做些适当的上下肢活动、背部活动，有利于消除疲劳；对于注意力集中和感觉器官紧张的工作应采取上下肢活动及背部活动的休息方式来消除疲劳。在不影响作业的情况下，播放轻松愉快的音乐和歌曲也是值得提倡的。员工下班后和业余时间的休息及业余活动也应引起重视。业余活动应开展健康有益、丰富多彩的文化娱乐和体育活动，以消除疲劳、增进身心健康。

　　总之，疲劳工作是不利于健康也不利于安全的。员工都是血肉之躯，绝非钢筋铁骨。工作要劳逸结合，更要张弛有度。不会休息的人也不会工作。俗话说，磨刀不误砍柴工。只有休息好了，精神好体力好，工作起来才能既安全又事半功倍，何乐而不为？因此，工作中出现疲劳现象时，工作人员应该停下来休息，待疲劳消除后，再集中精力工作，避免安全事故的发生。千万不要疲劳工作，拿生命和安全冒险。

3. 危险作业缺少监护更加危险

　　危险作业，也就是作业本身带有一定的危险性。我们常见的危险作业包括动火作业、临时用电作业、受限空间作业、高空作业、吊装作业，还有动土、断路、设备检修等。这些作业具有极大的风险性和灵活性，如果在操作过程中稍有不慎，就会导致事故的发生。所以，监护工作就显得尤为重要。如果没有安全监护，那么这些工作就将更加危险。监护人应监护被监护人在规定的工作范围内工作，并监督被监护人在工作过程中不发生违章操作行为。监护人应对指定工作人员的工作全程进行监护，如果监护人要暂时离开，被监护人应停止工作。如果进行危险作业不设监护岗位，而是自作主张，独自工作，那就等于是拿自己的生命冒险，是绝对不可行的。不设立监护或者监护人员不负责任、违章违纪，都是需要杜绝的。

(1) 动火作业监护

动火作业极为危险，必须严格按照安全规程执行操作，务必设立监护岗位。防火监护员必须认真学习和执行消防法规、规定和防火安全制度。动火监护员必须接受专（兼）职消防员的监督，对消防员提出的整改意见，要及时进行整改，消除隐患。

动火监护员要加强业务知识的学习，做到"三会"，即会使用一般消防器材，会报警，会扑救。动火监护员必须对动火部位、动火日期、动火等级有了明确的了解后，方准在动火证上签字，履行监护员职责。

在动火作业前，动火监护员要对作业场所进行认真清理，特别对易燃易爆物品要及时转移或保护，并配备好灭火器材。

在动火作业中，动火监护员要自觉遵守劳动纪律，不准擅自离开监护岗位。

在动火作业后，动火监护员要认真巡视作业范围有无电焊或气割溅落的火种，如有发现，必须及时予以清除。

如果发生火灾或火灾险情，要及时报警并积极进行扑救，保护好现场，配合有关部门对事故进行调查。

(2) 有限空间作业监护

有限空间作业现场要明确作业负责人、监护人员和作业人员，不得在没有监护人的情况下作业。

监护人的职责是：接受有限空间作业安全生产培训；全过程掌握作业者作业期间情况，保证在有限空间外持续监护，能够与作业者进行有效的操作作业、报警、撤离等信息沟通；在紧急情况时向作业者发出撤离警告，必要时立即呼叫应急救援服务，并在有限空间外实施紧急救援工作；防止未经授权的人员进入。

(3) 高处作业监护

从事高处作业必须设立并明确现场监护人员。

现场监护人应是工作责任心强，熟悉高处作业安全规范和有关知识，了解本工作的作业内容和作业区域的环境条件。

现场监护人必须始终坚守在作业现场，负责安全行为检查和安全措施可靠性的检查。如发现措施不当或违章作业时，有权制止或停止作业。

高处作业人和现场监护人应共同遵守高处作业安全相关规定，互相关心、配合。相关管理人员应随时检查高处作业情况，坚持安全操作规程，在雷雨、大雾或六级以上（含六级）大风的气象条件下，不得安排露天高处作业。

(4) 焊接作业监护

在密封容器内施焊时，应采取通风措施。间歇作业时焊工应到容器外面休息。容器内照明电压不得超过12伏。焊工身体应用绝缘材料与焊件隔离。焊接时必须设专人监护，监护人应熟知焊接操作规程和抢救方法。

监督焊接场地是否放置了易燃易爆物品，是否备有消防器材，保证足够的照明和良好的通风。操作场地10米内，不应储存油类或其他易燃易爆物品，（包括有易燃易爆气体的器皿管线）。临时工地若有此类物品，而又必须在此操作时，应通知消防部门和安技部门到现场检查，采取临时性安全措施后，方可进行操作。

工作前，操作人员和监护人员必须穿戴好防护用品，操作时（包括打渣）所有工作人员必须戴好防护眼镜或面罩。仰面焊接应扣紧衣领，扎紧袖口，戴好防火帽。

对受压容器、密闭容器、桶、管道，沾有可燃气体和溶液的工件进行操作时，必须事先进行检查，并经过冲洗除掉有毒、有害、易燃、易爆物质，解除容器及管道压力，消除容器密闭状态（敞开口、施开盖），再进行工作。

在焊接、切割密闭空心工件时，必须留有出气孔。在容器内焊接，外面必须设人监护，并有良好通风措施，照明电压应选用12伏。禁止在已做油漆或已涂过塑料的容器内焊接。

电焊机接地零线及电焊工作回线都不准搭在易燃、易爆的物品上，也不准接在管道和机床设备上。工作台回线应绝缘良好，机壳接地必须符合安全规定。

高空焊接应系安全带，采取防护设施并不准将工作回线缠在身上，地面应有人监护。

工作完毕，应检查场地。灭绝火种、切断电源才能离开。

助手必须懂得电焊、气焊的安全常识。操作者必须注意助手的安全。

作为监护员，就是作业人的"保护神"，所以一定要站好自己的岗位，守好自己的职责，切实担起自己应担的责任，才能真正起到监护的作用，成为现场作业的保护神。

4. 安全确认必须严格执行

杜绝冒险，安全确认也是必须严格执行的安全纪律。所谓安全生产确认制，是指对具有潜在危险的作业方式、工位及环境，由作业人员及其管理者按规定的责任，事先进行安全确认的一种制度。它依据事故预测技术，以系统控制理论为指导，对潜在的危险作业，在事先经过危害辨识、危险评价的基础上找出控制危险的措施（确认内容），作业者及其管理者按确定内容，在作业前进行危险因素的排除。安全确认具有预防性、实用性、操作性强的特点。安全操作确认制是随着生产的发展和管理的深化，在安全操作规程的基础上建立的，是对执行安全操作规程的进一步深化。如果将安全操作确认制进一步细化，它又可以分为检查确认与联系确认。

简单来说，安全确认就是员工在现场操作中对所有安全事项都必须进行确认的制度。员工通过口述、手势及一些简单的动作，相互联系，相互沟通，共同对现场情况进行确认，以保证作业的安全。如煤矿企业推行的

员工不安全行为的自我识别与防范

"手指口述安全确认"制度，就是很有特色的生产安全制度。如果做不到安全确认，事故就难以避免。

> 某钢铁公司铸钢车间一名电焊工在小料槽内进行焊补作业时，该工段煤气热处理工杨某指挥桥式起重机司机起吊大料槽装炉。由于忽视安全，麻痹大意，在进行起吊大料槽作业前，没有通知电焊工田某离开危险区域。当大料槽起吊时，杨某和起重机司机也没有检查危险区域内是否有人，就盲目起吊。大料槽起吊后，小料槽失去平衡和依靠而发生倾斜，田某探头查看，此时吊起的大料槽正巧撞到电焊工田某的头部，造成严重的脑外伤和颅底骨折，经送医院抢救无效死亡。
>
> 造成这起事故的直接原因，是由于小料槽依靠大料槽放置，底部又有沙箱和工件，放置不平稳，大料槽吊起后，小料槽失去平衡而发生倾斜，致使大料槽撞到田某的头部而发生伤亡事故。同时煤气炉热处理工杨某在吊运大料槽的过程中粗心大意，违反了"在工作吊运时，挂钩人员必须通知有关人员躲开，方可指挥吊车司机开车"的规定；起重机司机在没有确认电焊工田某是否离开危险区的情况下，就盲目起吊大料槽，最终导致事故。

安全确认制是安全工作的重要前提。不严格执行安全确认制度，就等于是在拿生命冒险。安全确认制是对生产活动中进行事前预控的重要方法之一，针对"人、机、料、法、环"——人，指制造产品的人员；机，指制造产品所用的设备；料，指制造产品所使用的原材料；法，指制造产品所使用的方法；环，指产品制造过程中所处的环境——五大不安全因素予以工作前的检查和认定。实行安全生产确认制，归根到底，就是要充分调动企业内各级人员以事故预测技术为依据、以系统控制论为指导，按照事先制订确认的程序及内容，去履行与落实各项自己应承担的那部分安全生产责任和安全技术操作规程，实现"安全第一，预防为主"的目的。如果不经过检查确认，一些隐藏的危险就无法预知，造成的后果必然严重。

安全确认首先是一项制度，若制度不完善或是执行不严，事故就会发生。因而务必严格执行安全确认制度。加强作业人员的培训和教育,提高技术水平,对于作业人员的违章行为要及时纠正,不执行确认制度或是执行不严格、不到位的,要进行严厉处罚,防止形成习惯性违章,埋下事故的隐患。

5. 坚决制止冒险行为,及时纠正冒险作业

明知有危险却冒险作业,显然是极不安全的行为。因而发现冒险作业行为,必须坚决制止并及时纠正,以防范危险后果。人人都有反违章、防冒险、保安全的权利和义务,每一个人都应当坚决地向冒险作业说不。每一个员工都有权制止和纠正冒险行为,不仅纠正自己的冒险行为,也有权制止和纠正他人的冒险行为。领导有责任也有义务严密监督、坚决制止下属的冒险作业行为,下级员工也有权拒绝领导的冒险作业命令,有权制止他人的冒险作业行为。为此,《中华人民共和国劳动合同法》专门规定"劳动者拒绝用人单位管理人员违章指挥、强令冒险作业的,不视为违法劳动合同。劳动者对危害生命安全和身体健康的劳动条件,有权对用人单位提出批评、检举和控告",而且领导如果强令违章冒险作业,还会因此犯下"强令违章冒险作业罪",并承担相应的刑事责任。可见,制止和纠正冒险作业,是正义的,更是善意的,是值得大力倡导并嘉许的行为。

在工作中有许多严重的安全事故都是因为员工的冒险作业行为导致的。所以要防范安全事故,对于冒险作业行为就绝不能姑息,要强力制止,及时纠正才行。

某厂炼铁高炉值班人员发现炉料经过皮带溜槽时被卡住,未能进入炉内而造成跑料。当班人员刘某停了皮带溜槽,并与另一名当班人员王某到炉顶排除故障。两人到炉顶后,不顾安全,冒

员工不安全行为的自我识别与防范

险作业,采取了完全错误的操作方法:王某右脚蹬平台,左脚跨在受料斗边缘上,右手扶住栏杆立柱,用左手去扒卡住的炉料;刘某则在后拉住王某的右臂衣袖。当物料被扒下落入受料斗的同时,王某因煤气中毒身体发软栽向受料斗。刘某虽用力拽拉,但未拉住。由于炉顶煤气浓重,烟尘太大而一时无法施救。刘某立即通知当班人员采取休风通蒸汽措施,约半小时后将王某拉上来并立即送往医院。但是因中毒时间过长,王某经抢救无效死亡。

  造成这起事故的直接原因,是王某进入高浓度煤气危险区域,未采取任何防止中毒的措施,且又站在栏杆的外侧,致使其在操作过程中吸入大量煤气,中毒后晕倒掉入料斗;由于炉顶煤气浓重、烟尘太大而不能及时施救,耽误了抢救时间,最终导致这起死亡事故的发生。造成事故的间接原因,一是高炉炉顶输送物料的溜槽由于长时间使用,造成其表面凹凸不平而形成堵料,值班人员只能进入高浓度煤气危险区域排除故障,进行危险作业。二是规章制度执行不严。按《高炉安全操作规程》有关规定,溜槽堵料后应由白班处理,夜班不得处理。处理过程中必须戴防毒面具,使用专用的钩子,站在栏杆里侧捅料。但车间班组为追求经济效益,实际工作中只要堵料,不管白班、夜班均要求处理,现场也未配备防毒面具、专用钩子。三是各级领导安全意识淡薄。在这起事故发生之前,皮带溜槽堵料时有发生,且在掏堵料过程中工人常有呕吐现象,当班人员曾多次向有关部门反映,均未引起重视,未能及时维修更换,留下严重的事故隐患。

  冒险行为在很多时候都会害人又害己,不仅员工本人受到伤害,连累家庭,还会造成他人跟着受到伤害和损失。冒险行为和冒险作业的表现各种各样,凡是冒险行为都要及时制止并纠正。一般常见具体冒险行为的纠正方法如下。

(1) 有的员工使用滚杆运送物件时上面坐人

行为表现：某班在铁路轨道上用滚杆推运槽钢组合件时，一名工人坐在槽钢上，用左脚踩踏路轨蹬着走。滚杆突然掉轨，他往下跳时，右腿跌在槽钢与轨道之间被挤伤。

纠正方法：使用滚杆运送物件时，只准在后面推，严禁在前面拉或上面坐人。对上面坐人的，应立即制止，并加以处罚。

(2) 在高处作业下方站立或行走

行为表现：在施工周围有高处作业时，不挑地点随处站立或行走，不注意周围环境。

纠正方法：周围有高处作业时，下方不得有人站立或行走。作业人员应互相监督，对违反规定，在高处作业下方站立或行走者，及时劝阻。

(3) 不抬高矫正机头，换用厚尺寸的压铁

行为表现：有的员工在用矫正机冷压铁塔连接板件时，不将机头抬高，而是直接将铁件往机头里面送。这时候如果机头下落，就会将垫铁和被压件压偏挤飞，垫铁飞出会击伤作业人员。

纠正方法：换用厚尺寸的压铁，必须将机头调高，并比试适当后才能施压。对违章操作者，应及时发现和纠正。

(4) 好奇冒险行为

行为表现：有些员工出于好奇，爱乱钻乱跑，甚至去鼓捣一些自己不懂的机器和设备。例如，有一名工人在停运检修的风扇磨旁休息。看着风扇磨，心想那里面一定很好玩，便爬进风扇磨里，脚蹬风扇玩了起来，结果被风轮挤伤。

纠正方法：发现乱动乱钻的人员，应立即加以制止，并严厉批评教育。

(5) 立铣不设安全罩

行为表现：有的工人铣床作业时，立铣不设安全罩。

纠正方法：员工应明确，立铣应设安全罩，方能进行工作。要严格检查，对立铣不设安全罩即进行工作的现象应立即纠正，并设置安全罩。

（6）擅自销毁爆炸物品

行为表现：有的员工胆大包天，擅自销毁爆炸物品。例如，某工区爆炸杆塔基础作业结束后，还剩一支雷管。一名工人欲将其处理掉，他从别人手中拿过正在燃烧的导火线，误将燃烧的一头插入雷管，当即引爆，其右手三个指头各炸断一节。

纠正方法：员工一定要知道，非专业人员不得擅自处理销毁爆炸品，对违反规定、擅自处理销毁爆炸物品的，应及时劝阻和批评教育。

（7）擅自钻到运行中的皮带下部架构内清理积物

行为表现：有的员工擅自钻到运行中的皮带下部架构内清理积物，这极易被运行的皮带卷入，发生严重的伤害事故。例如，某发电厂清理现场时，一名工人钻到运行的皮带下部架构内清理积煤。该处空间狭小，上面是皮带，侧面是滚筒，他撮煤时不慎被皮带带入弦力滚筒与皮带之间，挤伤死亡。

纠正方法：皮带运行时严禁钻到皮带下部架构内清理积物。对欲钻到运行中皮带下部架构内清理积物的，应立即制止。

（8）从车厢两钩间穿行

行为表现：从车厢两钩间穿行。这是一种极其冒险的行为，因为车辆时刻在动，随时会发生车厢并拢的情况，造成挤压伤害。例如，某发电厂一名工人为走近道，在钩距不到1米的第八、九节车厢两钩间穿行。恰巧在此时翻车机排空车，使停留的空车冲撞形成车辆移动，将其挤伤致死。

纠正方法：员工应随时注意现场设置的"随时动车、严禁穿越"的警告牌。调度员下达排空车令时，应检查有无人员穿行，并应采取封闭措施以防意外。

（9）带电作业时用没穿均压鞋的脚去钩绳

行为表现：某带电班在塔上带电连接空载线路引线，当引线下落至与有电导线一定距离时，绳卡在滑车中，引线不能继续下落。电工用没有穿均压鞋的右脚去钩绳子，导致右脚被电伤。

纠正方法：员工应当明确在带电设备上用没穿均压鞋的脚去钩绳存在危险，带电作业必须穿均压鞋。

（10）签发违章冒险施工方法的工作票

行为表现：某供电公司在更换变压器台二次大梁、台板和装二次开关作业前，工作票签发人竟确定利用本身变压器台电源，到现场钻孔，又许可多次送电，致使送电后坐在变压器台休息的一名工人，因误触带电的避雷器引线端子死亡。

纠正方法：员工应该明白，工作票对保护作业安全的重要性。在签发工作票时，所确定的施工方法应科学合理并符合安全规程的要求。对签发违章冒险施工方法的工作票，作业人员有权加以拒绝并进行举报。

第七章
识别岗位不安全行为，全面防范生产事故

对于员工来说，岗位安全至关重要。掌握岗位安全技能，守好自己的岗位，全面杜绝岗位不安全行为，保证自己的岗位安全，也就保证了自己的生产安全。

> 员工不安全行为的自我识别与防范

1. 安全生产事故类型与严重程度识别

事故是指造成死亡、疾病、伤害、损坏或其他损失的意外情况。生产安全事故是指职业活动或有关活动过程中发生的意外突发性事件的总称，通常会使正常活动中断，造成人员伤亡或财产损失。事故是生产经营单位在生产经营活动（包括与生产经营有关的活动）中突然发生的，伤害人身安全和健康，或者损坏设备设施，或者造成经济损失，导致原生产经营活动（包括与生产经营活动有关的活动）暂时中止或永远终止的意外事件。

安全事故无时无处不在发生，太多的事故，也造成了无数的伤亡和巨大的损失。因而防范事故是安全管理的立足点，同时也是安全管理的最终目的。所以对事故的了解，对于安全管理、防范事故、杜绝伤亡意义重大。

安全事故会发生在生产生活的各个方面，因而各种各样、各种性质、各种程度的事故都有发生。各行业性质、特点、事故严重程度不同，事故的分类也不相同。

(1) 按造成人员伤亡和直接经济损失划分

根据《生产安全事故报告和调查处理条例》，按伤亡程度和损失大小，把事故划分为特别重大事故、重大事故、较大事故和一般事故4个等级。

A. 特别重大事故，是指造成30人以上死亡，或者100人以上重伤（包括急性工业中毒，下同），或者1亿元以上直接经济损失的事故。

B. 重大事故，是指造成10人以上30人以下死亡，或者50人以上100人以下重伤，或者5000万元以上1亿元以下直接经济损失的事故。

C. 较大事故，是指造成3人以上10人以下死亡，或者10人以上50人以下重伤，或者1000万元以上5000万元以下直接经济损失的事故。

D. 一般事故，是指造成3人以下死亡，或者10人以下重伤，或者

1000万元以下直接经济损失的事故。

《生产安全事故报告和调查处理条例》还规定，没有造成人员伤亡，但是社会影响恶劣的事故，国务院或者有关地方人民政府认为需要调查处理的，依照本条例的有关规定执行。

(2) 按国家标准分

按我国国家标准《企业职工伤亡事故分类标准》（GB 6441—86），将伤亡事故分为以下20类：物体打击、车辆伤害、机械伤害、起重伤害、触电、淹溺、灼烫、火灾、高处坠落、坍塌、冒顶片帮、透水、放炮、火药爆炸、瓦斯爆炸、锅炉爆炸、容器爆炸、其他爆炸、中毒和窒息、其他伤害。

(3) 按事故发生的行业分

根据《生产安全事故统计报表制度》，按照事故发生的行业分为11类，即工矿商贸（煤矿、金属非金属矿山、建筑施工、化工、烟花爆竹、工商贸其他）、道路交通、水上交通、铁路交通、民航飞行、渔业船舶、农业机械、其他八大类。

另外还可以按伤害程度分、按伤害部位分、按事故管理原因分、按事故致因物分、按事故致害物分、按事故人为原因分、按事故不安全状态分等多种分类方法。

2. 重视事故征兆和苗头的识别与防范

任何事故的发生都会有一个过程，这是一个从量变到质变的过程，这是事故发展的客观规律，通常把设备初露端倪的不正常迹象称为设备事故隐患。

在安全管理中，有一个"海因里希事故法则"，即每一起重大的事故背后，都有29起征兆，每一个征兆后面还会有300起苗头！也就是说，任何事故的发生，都不是平白无故的，而是有征兆、有迹象的，是一系列安全隐患积累的结果。每一起事故背后都有征兆，每一个征兆背后都有苗头。要预防事故，就需要抓住事故背后的征兆，重视征兆背后的苗头，找到苗头后面的事故规律，及早发现，及早防范，才能真正防范隐患，杜绝事故，保证安全。

2008年4月28日凌晨4时38分，由北京开往青岛的T195次列车，以131公里的时速疾驶至淄博市周村区王村镇合家庄村路段时，第9～17号车厢脱轨，而后侵入了下行的另一条铁轨。彼时，由烟台至徐州的5034次列车正迎面开来，约3分钟后，两车相撞。事故共造成72人死亡，416人受伤。而济南铁路局调度命令传递混乱、前方车站未严格执行车机联控，是导致这次悲剧发生的主要原因之一，且调查发现事故列车严重超速。

相关人士就此评论称，这是一起"必然中的一次偶然"事故。济南铁路局管理混乱、胶济线工期紧张、事故路段因施工方与合家庄村民博弈而不得不修成"S"形、列车司机疏忽等，这些事故背后的征兆和苗头早已经注定了这次事故的必然性！

一是混乱的限速令让列车司机无所适从。限速80公里/小时的限速令未能及时传达到，而且由于济南铁路局以154号文件代替调度令，而发现新发布的调度令跟原来规定的不符后，又新发了几个临时调度令，导致调度令出现混乱，司机在本该限速的路段超速行驶；二是道路设计不合理。S型的道路本身就为列车行驶埋下了无数隐患。"火车这么拐来拐去，听着哐当哐当的声音，我的心都会咯噔一下，"当地一村民说，"是条蛇还行，火车这么走让人害怕。"三是线路质量不良、管理混乱。

2007年8月31日，其管内的京沪线茅村站因线路质量不良，致使DH41053次货物列车在7道发车时，机后22位至29位8节车脱轨，由此构成铁路交通较大事故而被批评。

时隔不到一个月的9月16日，该局管内又发生铁路交通较大事故。在胶济线昌乐至潍坊西间下行线，因中铁十八局在殷大路框架涵施工中违法施工、偷工减料,造成路基坍塌——运行至此的 DH27309 次货物列车机车及机后 1 至 20 位车辆脱轨颠覆,中断上行线行车 13 小时 38 分,下行线行车 28 小时 02 分。

接着是在"4·28"事故之前,2008 年的 1 月 23 日,胶济线上也发生过一起重大交通事故。由北京开往四方的 D59 次动车组列车,在行至济南铁路局管内胶济线安丘至昌邑间时,撞死 18 人,9 人受伤。

接连发生事故,非常明显的征兆和苗头,理应引起济南铁路局的高度重视和及时排查。可济南局却并没有重视,管理薄弱失控,最终酿成惨祸。如果稍微提升一下安全意识,重视事故后面的苗头,从已经发生的"8·31""9·16""1·23"等事故中吸取教训,高度重视,消除隐患,也许结果就会完全两样。

很多重大事故其实都和这起惨烈的事故一样,早已经显现出足够多的征兆,只不过没有引起足够的重视和警惕,最终导致事故发生。所以,防范事故,要先从事故背后的征兆开始。每一起事故都经历一个从隐患到征兆,最后发展到事故突发的变化过程,及时发现隐患和征兆,才能有效地把事故消灭在萌芽之中。

事实上,发现事故苗头并不容易,因为苗头并非事故,一些相应的症状容易被忽视。例如一个高压压力容器泄漏事故,当压力容器泄漏点出现潮湿时,操作人员不易发现,进而出现潮湿变大,形成水珠,操作人员也容易忽视它,常用空气潮湿来解释。当继续发展出有"兹兹"的声音时,如果操作人员还认为它一点泄漏无碍大局,使隐患进一步扩大,就会发生重大的泄漏事故。可见,事故是有苗头的,但事故苗头是极易被人们忽视的。要及早发现隐患和事故苗头,需要一双慧眼,更需要充分的知识和丰富的生产实践经验,这样才能对设备的正常工作状态、性能十分熟悉,对点滴的不正常之处有着特别的敏锐。如果缺乏这些,就会对苗头视而不见,直到从事故苗头渐变成事故,才悔恨不已。

俗话说,"小洞不补,大洞吃苦",苗头是事故的前兆和信号,它们

> 员工不安全行为的自我识别与防范

之间并没有一条不可逾越的鸿沟。出现苗头若不及时消除，就可能演变成事故。因此，我们要善于通过苗头看事故，抓住事故背后的征兆，不放过征兆背后的苗头，通过苗头查问题、找漏洞，才能做到将事故禁于未萌、止于未发，防患于未然。

要发现事故苗头，必须对该项设备正常工作状态、性能十分熟悉，对点滴苗头的不正常之处有着特别的敏锐，除了书本知识外，应有特别的技术积累，更多的生产实践经验。只有把实践经验与书本知识相结合起来，才会具有发现事故苗头的慧眼。下面总结的是部分事故发生前的征兆，可以对照来识别和预防：

事故类型	早期预兆	中期预兆	晚期（临发）预兆
基坑（槽）坍塌和其他塌方	①坑槽边壁（坡）或洞室顶、壁轻度渗水、涌沙、落渣；②出现剥离层裂纹和小块剥离。	①渗水、涌沙、落渣情况加剧；②剥离层裂纹扩展、加大；③底部（或其他部分）土（石）层开始大块剥离；④深度裂纹（缝）向上（或向下）扩展。	①坑槽底部土（石）块大面积剥离，上部土（石）体裂纹急剧扩展到地面上；②由局部开始的塌方连续不断，迅速扩展。
脚手架和多层转运栈桥（平台）架倾倒	①脚手架靠转运架一侧立杆的基础出现较为明显的沉降；②脚手架立杆上部明显地向转运架一侧倾斜；③连墙件有初期的拉、压或剪切变形。	①早期出现的变形迅速扩大；②架子上部出现晃动；③立杆根部明显脱离其支垫物或位置。	上部急剧向外倾倒，并伴发异常的响声（多为杆件、连接件破坏时的伴发声）。
脚手架局部垮塌	①脚手架局部的平（横）杆和脚手板出现显著的弯曲变形和损伤；②局部连接件出现裂纹或松动下滑。	①早期出现的变形和损伤继续发展；②连接件裂纹扩展或严重下滑；③连接点开始变形。	①脚手板、平（横）杆出现折断或滑脱；②局部构架结构出现严重变形；③可能会有异常响声出现。

续表

事故类型	早期预兆	中期预兆	晚期（临发）预兆
脚手架垂直坍塌	下部和长度大的立杆开始出现侧向拱曲变形。	①成片立杆自下至上出现明显的多波拱曲变形；②节点和连接件出现破坏迹象。	开始出现节点和连接件破坏的异常响声。
支撑架跨架和坍（倒）塌	直接承受模板和设备荷载的受弯与受压杆件开始出现明显变形。	①变形迅速扩大；②立杆根部位移；③节点开始出现破坏迹象。	①部分杆件开始折断掉落；②支撑结构出现严重变形或失稳迹象。
独立墙倒体塌	①墙体开始出现不均匀沉降裂缝；②墙体开始出现倾斜。	①裂缝和倾斜继续发展；②墙体内外出现贯通裂缝。	①墙体下部开始出现滑移；②伴有拉裂和错动作用产生的异常声响。
火灾事故	①绝缘皮线过热、发软、变色；②保险丝熔断；③初期引（暗）燃产生的焦煳味；④电、气焊火花（星）落在易燃物上。	①开始出现明显的烟雾；②开始燃烧的焦煳味变浓；③已有开始燃烧的声响。	①明火初起；②烟雾和焦煳味浓烈；③燃烧的声响加剧。
建筑物倒塌	基础和主要承重结构（及构件）出现明显的沉降、开裂或倾斜变形。	①变形、裂缝和倾斜加速扩展；②基础错动；③部分构件或结构开始出现破坏迹象。	建筑物出现倒塌前晃动、严重倾斜和发出开始破坏产生的异常声响。
机械设备倾翻	①一侧开始出现明显沉降，另一侧开始上抬；②一侧缆绳、锚固设施开始出现松动。	①机械设备明显出现倾斜；②缆锚点出现被拉出或破坏迹象。	机械设备严重倾斜，伴有锚拉点开始破坏的早期声响。

当然，这些只是很少一部分事故的征兆，要想全部总结出来出来很

难。但不管是哪一类的事故，只要我们用心观察，树立高度的责任心，随时随地保持关注，就一定会在事故发生前发现一些征兆，并且及时地消除这些异常，把事故消灭在萌芽之中。

3. 制订机械操作安全标准，防范机械伤害事故

机械伤害事故是人们在操作或使用机械过程中因机械故障或操作人员的不安全行为等原因造成的伤害事故。发生事故以后，受伤者轻则皮肉损伤，重则伤筋动骨、断肢致残，甚至危及生命。

制订机械操作标准，采用标准化作业，是一项从根本上保证员工在劳动过程中安全和健康、防范安全事故发生的重要措施。

标准化作业的主要内容包括作业顺序标准，生产操作标准，技术工艺标准，安全作业标准，设备维护标准，机、电设备标准，工具、器具标准，质量检验标准，文明生产标准，场地管理标准等。

(1) 作业顺序标准

根据不同岗位、不同工种每项作业的职责要求，从生产准备、正常作业到作业结束的全过程，确定正确的操作顺序，使作业人员明确先做什么、后做什么。

(2) 生产操作标准

根据不同岗位、不同工种生产作业的每个步骤，从具体操作动作上规定作业人员应该怎样做，使作业人员行为规范化。

(3) 技术工艺标准

根据不同生产作业所涉及的原料、燃料等具有的不同理化特性，制定相应的技术要求及科学的工艺作业标准。

(4) 安全作业标准

安全作业标准涉及操作标准化、设备管理标准化、生产环境标准化、

人的行为标准化、物的管理标准化以及适宜的生产环境条件。

(5) 设备维护标准

随着时间的推移和生产的进行，设备出现磨损、老化的问题，需不断维护保养，及时更换易损的零部件，在标准中应有明确的规定。

(6) 机、电设备标准

每台设备都要建立安全防护标准，明确规定设备完好状态的标准、安全防护设施的要求等，以消除物的不安全因素。

(7) 工具、器具标准

与机、电设备相对应的工艺生产中使用的一切工具、器具等，均应达到良好的标准状态。

(8) 质量检验标准

企业生产的产品、中间产品均应制定几何尺寸、理化特性、外观形状以及检验方法等标准。

(9) 文明生产标准

根据文明生产要求，对作业场所必须具备的照明，工业卫生条件，原材料和成品及半成品的运送和码放，工具和消防设施管理等涉及的一切与文明生产有关的内容，均应有具体的规定。

(10) 现场管理标准

根据企业生产和场地条件情况，对作业场所的通道、作业区域、护栏防护区域、物料堆放高度和宽度等，均应制定标准。

正如人们所强调的一样，一切事故都是可以预防的，机械伤害事故也不例外，只要我们依据机械标准化作业，严格遵守作业规程，我们就能避免机械伤害事故的发生。预防机械伤害应从以下几方面入手。

①检查机械设备是否按有关安全要求，装设了合理、可靠又不影响操作的安全装置。

②检查零部件是否有磨损严重、报废和安装松动等迹象，发现后应及时更换、修理，防止设备带病运行。

③检查电线是否破损，设备的接零或接地等设施是否齐全、可靠。

④检查电气设备是否有带电部分外露现象，发现后应及时采取防护措施。

⑤检查重要的手柄的定位及锁紧装置是否可靠，发现问题及时修理。

⑥检查脚踏开关是否有防护罩或藏入机身的凹入部分内，如果没有，应改正以后才能操作。

⑦操作人员在操作时应按规定穿戴劳动防护用品，机加工严禁戴手套操作，留长发人员应戴工作帽，且长发不得露出帽外。

⑧操作设备前应先空车运转，确认正常后再投入运行。

⑨刀具、工夹具以及工件都要装卡牢固，不得松动。

⑩不得随意拆除机械设备的安全装置。

⑪机械设备在运转时，严禁用手调整、测量工件或进行润滑、清扫杂物等。

⑫机械设备运转时，操作者不得离开工作岗位。

⑬工作结束后，应关闭开关，把刀具和工件从工作位置退出，并清理好工作场地，将零件、工夹具等摆放整齐，保持好机械设备的清洁卫生。

4. 识别不安全用电行为，预防触电事故

触电事故是指操作人员身体接触高压或低压带电设备或导线，引起的触电伤害事故。电工（高、低压）作业、电焊作业都是特种作业。国家规定特种作业人员都必须经过安全知识、操作技能培训、考试合格，取得相应资格方可上岗。因为没有相应的技术，是不可能做到安全操作的。一不小心或是疏忽大意、违章操作，就会带来生命危险。而触电事故，重者死亡，轻者致残，后果非常严重。所以，对于电气事故，也需要我们时时防范。

识别与防范电气事故主要做到以下方面。

①电气操作属特种作业，操作人员必须经培训合格，持证上岗。

②车间内的电气设备，不得随便乱动。如果电气设备出了故障，应请

电工修理，不得擅自修理，更不得带故障运行。

③经常接触和使用的配电箱、配电板、闸刀开关、按钮开关、插座、插销以及导线等，必须保持完好、安全，不得有破损或带电部分裸露现象。

④在操作闸刀开关、磁力开关时，必须将盖盖好。

⑤电气设备的外壳应按有关安全规程进行防护性接地或接零。

⑥使用手电钻、电砂轮等手用电动工具时，必须做到：A.安设漏电保安器，同时工具的金属外壳应防护接地或接零；B.若使用单相手用电动工具时，其导线、插销、插座应符合单相三眼的要求；使用三相的手动电动工具，其导线、插销、插座应符合三相四眼的要求；C.操作时应戴好绝缘手套和站在绝缘板上；D.不得将工件等重物压在导线上，以防止轧断导线发生触电。

⑦使用的行灯要有良好的绝缘手柄和金属护罩。

⑧在进行电气作业时，要严格遵守安全操作规程，遇到不清楚或不懂的事情，切不可不懂装懂，盲目乱动。

⑨一般禁止使用临时线。必须使用时，应经过机动部门或安技部门批准，并采取安全防范措施，要按规定时间拆除。

⑩移动某些非固定安装的电气设备，如电风扇、照明灯、电焊机等，必须先切断电源。

⑪在雷雨天，距离高压电杆、铁塔、避雷针的接地导线不得少于20米，以免发生跨步电压触电。

⑫发生电气火灾时，应立即切断电源，用黄沙、二氧化碳、四氯化碳等灭火器材灭火，切不可用水或泡沫灭火器灭火。

⑬打扫卫生、擦拭设备时，严禁用水冲洗或用湿布去擦拭电气设备，以防发生短路和触电事故。

⑭建筑行业用电，必须遵守《施工现场临时用电安全技术规范》。

对已造成触电事故的人员正确实施科学救护，是降低事故伤害程度的关键。一旦发生电气伤害事故，必须沉着应对，采取正确的方法进行施救。

对于低压触电事故，可采用以下方法使触电者脱离电源：如果触电地点附近有电源开关或电源插销，可立即拉开开关或拔出插销，断开电源，如果触电地点附近没有电源开关或电源插销，可用有绝缘柄的电工钳或有干燥木柄的斧头切断电线，断开电源，或用干木板等绝缘物插到触电者身下，以隔断电流。当电线搭落在触电者身上或被压在身下时，可用干燥的衣服、手套、绳索、木板，木棒等绝缘物作为工具，拉开触电者或拉开电线，使触电者脱离电源，如果触电者的衣服是干燥的，又没有紧缠在身上，可以用一只手抓住他的衣服，拉离电源。但因触电者的身体是带电的，其鞋的绝缘也可能遭到破坏。救护人员不得接触触电者的皮肤，也不能抓他的鞋。

对于高压触电事故，应立即通知有关部门断电，带上绝缘手套，穿上绝缘靴，用相应电压等级的绝缘工具按顺序拉开开关，抛掷金属线使线路短路接地，迫使保护装置动作，断开电源。注意抛掷金属线之前，先将金属线的一端可靠接地，然后抛掷另一端。注意抛掷的一端不可触及触电者和其他人。

如果触电者伤势不重、神志清醒，应使触电者安静休息，不要走动。严密观察并请医生前来诊治或送往医院。如果触电者伤势较重，已失去知觉，但还有心脏跳动和呼吸，应使触电者舒适、安静地平卧，周围不围人，使空气流通，解开他的衣服以利呼吸，速请医生诊治或送往医院。如果触电者伤势严重，呼吸停止或心脏跳动停止，或二者都已停止，应立即施行人工呼吸和胸外心脏按压，并速请医生诊治或送往医院。

5. 识别施工不安全行为，警惕物体打击和高处坠落事故

物体打击伤害往往表现为飞出或弹出的物体，如工具、工件、零件等等对人员造成的伤害。物体打击往往伤害重，极易造成人员伤亡。

第七章
识别岗位不安全行为，全面防范生产事故

在上海某建筑公司总包、某建筑有限公司分包的某高层工地，分包单位外墙粉刷班为图操作方便，经班长同意后，拆除机房东侧外脚手架顶排朝下第四步围挡密目网，搭设了操作小平台。粉刷工张某在取用粉刷材料时，觉得小平台上料口空挡过大，就拿来了一块180×20×5厘米的木板，准备放置在小平台空档上。在放置时，因木板后段绑着的一根20#铁丝钩住了脚手架密目网，张某想用力甩掉铁丝的钩扎，不料用力太大而失手，木板从100米高度坠落，正好击中运送建筑垃圾的员工杨某脑部。事故发生后，杨某被送往医院抢救，终因伤势过重，经医院全力救治无效死亡。

物体打击事故的后果是相当严重的。所以现场作业一定要高度警惕此类事故的发生。

导致物体打击事故发生的不安全行为有以下方面。

①安全意识不强，忽视安全规定。

②高处作业时，乱扔物料，清理楼内的物料不设溜槽或不使用垃圾桶。手持工具和零星物料没有随手放在工具袋内，安装更换玻璃没有防止玻璃坠落措施，工作中乱扔碎玻璃。

③吊运大件不使用防止脱钩装置的钓钩和卡环，吊运小件没用使用吊笼或吊斗，吊运长件没有绑牢。

④高处作业时，对斜道、过桥、跳板没有明确指定负责维修、清理的人员，随意存放杂物。

⑤操作带病设备。

⑥在没有停机的情况下排除设备故障或清理卡料。

⑦放炮作业前，人员隐蔽处并不安全可靠，没有严格控制无关人员进入作业区。

防止物体打击事故，要做到以下方面。

①人员进入施工现场必须按规定配戴安全帽。应在规定的安全通道内出入和上下，不得在非规定通道位置行走。安全通道上方应搭设双层防护

棚，防护棚使用的材料要能防止高空坠落物穿透。

②钢井架、施工用人货梯出入口位置应搭设防护棚，防护棚长度应以钢井架、施工用人货梯外边沿两侧各超出0.8米。当建筑物高度在15米~30米时，搭设宽度应为4米；当建筑物高度在30米以上，搭设宽度应为5米；超高层建筑物，搭设宽度应为6米。

③临时设施的盖顶不得使用石棉瓦作盖顶。边长小于或等于250毫米的预留洞口必须用坚实的盖板封闭，用砂浆固定。

④作业过程一般常用工具必须放在工具袋内，物料传递不准往下或向上乱抛。所有物料应堆放平稳，不得放在边缘或洞口附近，并且不可妨碍通行。高空安装起重设备或垂直运输机具，要注意防止零部件落下伤人。

⑤吊运一切物料都必须由持有司索工上岗证人员进行绑码，砖块等散料应用吊篮装置好后才能吊运。拆除或拆卸作业要设置警戒区域，并且在有人监护的情况下进行。高处拆除作业时，对拆卸下的物料、建筑垃圾要及时清理和运走，不得在走道上任意乱放或向下丢弃。

⑥高处坠落事故是指在高处作业中发生坠落造成的伤亡事故。高处作业指在坠落基准面2米以上的高处进行的作业。高处作业如果不做好防护，不遵章守纪，不严格按照操作规程操作，就会发生事故。

>>>

某桥梁工程在拆除引桥支架施工过程中，项目部安排部分作业人员去进行拆除作业，杨某（木工）被安排上支架拆除万能杆件。杨某在用割枪割断连接弦杆的钢筋后，就用左手往下推被割断的一根弦杆（弦杆长1.7米，重80公斤）。弦杆在下落的过程中，其上端的焊刺将杨某的左手套挂住（帆布手套），杨某被下坠的弦杆拉扯着从18米的高处坠落，头部着地，当即死亡。

>>>

高处坠落，非死即伤，而且大多会造成重伤，导致残疾。所以，高处作业时一定要做好防护工作，系好安全带、戴好安全帽，谨防坠落事故发生。

导致高处坠落事故的不安全行为有以下方面。

①不熟悉高处作业的方法，没有掌握技术知识，不按照操作规程进行

作业，作业时没有指定专人进行现场监护。

②让患有高血压、心脏病、癫痫病等禁忌病症的人员和孕妇从事高处作业。

③高处作业时没有系好安全带、戴好安全帽，或者穿硬底鞋以至滑倒导致坠落事故。

④作业前不检查护栏、架板是否牢固，有洞口的地方没有盖好，危险的地方没有装设平网。

⑤忽视楼梯口、电梯口、预留洞口和出入口的"四口"防护。

⑥在建筑施工中忽略"五临边"的防护工作。"五临边"是指尚未安装栏杆的阳台周边、无外架防护的屋面周边、框架工程楼层周边、上下跑道、斜道、两侧边、卸料平台的外侧边等。

⑦在恶劣天气中（指六级以上强风、大雨、大雪、大雾），强行从事露天高处作业。

预防高处坠落事故，对于可能发生坠落事故的特定施工环境、现场物的不安全状态和人的不安全行为，都要在施工前制订防范措施，并在日常安全检查中加以纠正和防范。

主要可以采取下面的措施来预防。

①凡身体不适合从事高处作业的人员不得从事高处作业。从事高处作业的人员要按规定进行定期体检。严禁穿硬塑料底等易滑鞋、高跟鞋进入施工现场。

②严禁作业人员互相打闹，以免失足发生坠落危险。不得攀爬脚手架及跨越阳台。进行悬空作业时，应有牢靠的立足点并正确系挂安全带。

③尚未砌砖封闭的框架工程楼层周边，屋面周边，尚未安装栏杆的阳台边、楼梯口、井架、人货梯与建筑物通道、跑道（斜道）两侧，卸料平台外侧边、基坑周边等，必须设置1.2米高且能承受任何方向的1000牛顿外力的临时护栏，护栏围密目式（2000目）安全网。

建筑物周边与外脚手架之间，从首层开始张挂一道安全平网，以上每隔10米张挂一道安全平网。脚手架外侧全部用密目式（2000目）安全网封闭。电梯井内每隔两层或每隔10米张挂一道安全平网。所有操作层均张挂一道安全平网。

边长大于 250 毫米的预留洞口采用贯穿于混凝土板内的钢筋构成防护网，面用木板作盖板加砂浆封固；边长大于 1500 毫米的洞口，四周设置防护栏杆并围密目式（2000 目）安全网，洞口下张挂安全平网。

电梯口（包括垃圾口）、施工用人货梯口、钢井架口必须设置规范化、标准化的层间闸（栅）门。

各种架子搭好后，项目经理必须组织架子工和使用的班组共同检查验收，验收合格后，方准上架操作。使用前，特别是台风暴雨后，要检查架子是否稳固，发现问题及时加固，确保使用安全。

施工使用的临时梯子要牢固，踏步面宽 300~400 毫米，梯子与地面角度成 60~70 度，梯脚要有防滑措施，顶端捆扎牢固或设专人扶梯。

6. 识别消防不安全行为，防范火灾事故

火灾事故是人们日常生活和生产中最常见的一类安全事故，它以危害面大、祸及范围广、损失严重而令人闻之色变。对于一个企业而言，火灾事故造成的危害更是不言自明，轻则使生产单位遭受严重的经济损失，阻碍正常的生产进度，重则可以使一个大企业付之一炬，将企业推上倒闭之路。一旦发生火灾事故，往往造成巨大的财产损失和人员伤亡。因而防火工作是企业安全生产的一项重要内容。

在一些消防重点企业如化工企业、商场、宾馆及各种生产车间，都应当把防范火灾作为重点。如化工企业，生产化工产品的原料、中间体甚至产品本身是易燃、易爆、易腐蚀、有毒物质，不仅容易发生火灾事故，而且一旦发生火灾或泄漏事故，常伴随爆炸、复燃复爆、立体、大面积、多火点等形式的燃烧。不但导致生产停顿、设备损坏，也会造成重大人员伤亡和难以挽回的影响。一些施工企业因为施工起火，牵连居民，引发大规模伤害的事故也屡见不鲜。所以特别需要小心和警惕。各领导部门要积极

落实火灾预防措施，控制火灾事故发生，减少火灾事故损失，做好消防安全工作。

预防发生火灾事故应从消防不安全行为入手。日常消防不安全有以下典型行为。

①随便进入易燃易爆场所，如油库、气瓶站、煤气站和锅炉房等工厂要害部位。

②在火灾爆炸危险较大的厂房内，使用明火及焊割作业，没有将检修的设备或管段拆卸到安全地点检修。

③在积存有可燃气体或蒸汽的管沟、下水道、深坑、死角等处附近动火时，不经过处理和检验，无确认无火灾危险即动火。

④进行道生炉、熬炼设备的操作，擅自离岗，未采取措施防止烟道窜火和熬锅破漏。熬炼设备没有设置在安全地点作业并安排专人值守。

⑤火灾爆炸危险场所不禁止使用明火烘烤结冰管道设备。

⑥对于混合接触能发生反应而导致自燃的物质，混存混运；对于吸水易引起自燃或自然发热的物质贮存环境不干燥；对于容易在空气中剧烈氧化放热自燃的物质，没有密闭储存或浸在相适应的中性液体（如水、煤油等）中储放，让其与空气自然接触。

⑦进入易燃易爆场所进行操作的人员没有穿戴防静电服装鞋帽，穿钉子鞋、化纤衣物进入，操作中有铁器撞击地面。

⑧在存放可燃物时与高温器具、设备的表面没有保持足够的防火间距，在高温表面附近堆放可燃物。

⑨处置熔渣、炉渣等高热物时，防止落入可燃物中的预防措施不正确。

⑩作业人员没有认真掌握各种灭火器材的使用方法。碱金属、金属碳化物、氢化物等物发生火灾时，用水扑救。作业人员没有弄清物质遇水后会发生剧烈化学反应，并产生大量可燃气体、释放大量的热，使火灾进一步扩大。

⑪用水扑灭电气火灾，导致触电事故发生；发生油类火灾时用水扑救，反而使火势蔓延。

⑫泄露性火灾发生时，用水扑救，反而会引发爆炸事故。

预防消防事故要从以下方面做起。

施工现场制订消防措施、制度，合理配备各种灭火器材。临时性的建筑物，仓库以及正在修建的建（构）筑物都应设置种类和相应数量的灭火工具（一般为20平方米面积不少于一个）。工棚附近应该设置必要数量的灭火器、消防水桶、水缸、砂箱、铁铣、火钩等灭火工具。

消防工具要有专人管理，并定期进行检查和试验，确保使用可靠。木材堆垛的面积不要过大，堆与堆之间应该保持一定的距离。施工现场、加工作业场所和材料堆置场内的易燃、可燃杂物应该及时清理，下班前进行场地清洁。工棚之间的防火间距，在城市中要不少于5米，在农村中要不少于7米。

每幢工棚的居住人数、最好不超过100人。每25人要有一个直接可以出入的门。门的宽度和各工棚内的通道应该不少于2米，工棚内的高度一般不要低于5米。工棚距火灾危险性大的生产场所要不少于30米。住宿用的工棚，不要接近火炉烟囱。

吸烟时必须在吸烟室内，将烟头和火柴梗放在有水的盆里。电线穿过可燃墙壁或其他可燃物时，应该套上磁管或塑料管加以隔离。电灯泡距离可燃物应该不少于30厘米。发电机、配电房应位于现场的下风向，保持整洁，要配有一定数量的专用灭火器。

施工作业层必须配备足够水压的消防水及水栓。施工焊接作业动火必须严格执行动火审批制度。严格执行易燃易爆物品购买运输、存放和保管的有关规定。

7. 危险品安全识别，杜绝爆炸事故

工业爆炸事故危害性大，人员伤亡和经济损失重大，造成的社会影响也比较大。因为爆炸事故往往不仅单纯地破坏工厂设施、设备或造成人员

伤亡，还会由于各种原因，进一步引发火灾等。一般后者的损失是前者的10~30倍；化学工业的爆炸事故最多，而且爆炸后引发火灾事故所占的比例也最高；在很多情况下，爆炸事故发生的时间都很短，所以几乎没有初期控制和疏散人员的机会，因而伤亡较多。

> 2011年11月1日11时30分许，两辆装载72吨炸药的货车，在贵州省黔南州福泉市马场坪收费站附近一汽修厂检修时，发生爆炸。事故造成8人死亡，约300人不同程度受伤。据现场抢险救援指挥部介绍，受爆炸冲击波影响，周边部分房屋玻璃震碎，房屋受损。爆炸发生后，天空中冒起了黑色的蘑菇云，笼罩整个镇子，爆炸波及周围三公里的范围，附近房屋就像经过一场地震，部分房屋甚至出现楼板垮塌。收费站旁约300米处的一个修理厂，多出两个10多米的深坑。

爆炸事故一旦发生，其后果是相当可怕的。爆炸事故发生的时间往往很短，使人在发生爆炸前几乎没有逃离和疏散的机会，容易造成较严重的伤亡事故。因此，对容易发生爆炸事故的场所进行重点监控并采取有效的预防措施，是预防爆炸事故的重要手段。特别是对于危险品，一定要严加管理。

爆炸一般分为化学性爆炸和物理性爆炸两种类型。前者主要包括炸药、火药、可燃气体、蒸汽或粉尘等爆炸，后者主要包括锅炉、压力容器、钢铁水爆炸等。因为我们在生产中有各种原因导致危险品不稳定，甚至产生爆炸，所以严格来说，能发生爆炸的这些物品都是爆炸危险品，都要求我们在工作中认真对待，谨慎操作，杜绝爆炸事故。

防范爆炸事故要注意以下几点：

①采取监测措施，当发现空气中的可燃气体、蒸汽或粉尘浓度达到危险值时，就应采取适当的安全防护措施。

②在有火灾、爆炸危险的车间内，应尽量避免焊接作业。进行焊接作业的地点必须要和易燃易爆的生产设备保持一定的安全距离。

③如需对生产、盛装易燃物料的设备和管道进行动火作业时，应严格

执行隔绝、置换、清洗、动火分析等有关规定，确保动火作业的安全。

④在有火灾、爆炸危险的场合，汽车、拖拉机的排气管上要安火星熄灭器。

⑤搬运盛有可燃气体或易燃液体的容器、气瓶时要轻拿轻放，严禁抛掷，防止相互撞击。

⑥进入易燃易爆车间应穿防静电的工作服，不准穿带钉子的鞋。

⑦对于物质本身具有自燃能力的油脂、遇空气能自燃的物质以及遇水能燃烧爆炸的物质，应采取隔绝空气、防水、防潮或采取通风、散热、降温等措施，以防止物质自燃和爆炸。

⑧不能混合存放相互接触会引起爆炸的物质；遇酸、碱有可能发生分解爆炸的物质应避免与酸碱接触。对机械作用较为敏感的物质要轻拿轻放。

⑨防止生产过程中易燃易爆物的跑、冒、滴、漏，以防扩散到空间而引起火灾爆炸事故。

⑩锅炉操作人员必须经过有资质的培训单位进行培训并考试合格，取得操作证以后方可进行操作。

⑪锅炉、压力容器在使用前应检查安全阀、压力表、液位计等安全装置是否完好，否则不准使用；严禁超温超压运行。

⑫废旧金属在进入冶炼炉以前必须经过检查，清除里面可能混进的爆炸物。

⑬经常保持金属冶炼、浇注场地干燥，不能有积水，以防高温金属液泄露遇水发生爆炸。

8. 矿山施工安全行为识别，防范坍塌及冒顶事故

矿山安全一直是安全生产的重要战场，许多重大、特大的事故都发生在矿山，因而矿山安全对于安全生产有着重要意义。矿山事故主要是爆

炸、坍塌和冒顶、透水、瓦斯突出等事故。

坍塌事故指物体在外力和重力的作用下，超过自身的极限强度的破坏成因，结构稳定失衡塌落而造成物体高处坠落、物体打击、挤压伤害及窒息等事故。这类事故因塌落物自重大、作用范围大，往往伤害人员多、后果严重，常造成重大或特大人身伤亡事故。

矿山坍塌事故是矿山人员伤亡的重大源头，因而要提早预防，及时识别和纠正不安全的行为，杜绝事故发生，避免人员伤亡。

矿山坍塌隐患排查：

①挖土方时，发现边坡附近土体出现裂纹、掉土及塌方险情时，应立即停止作业，下方人员要迅速撤离危险地段，查明原因后，再决定是否继续作业。

②加强对脚手架的日常检查维护，重点检查架体基础变化，各种支撑及结构联结的受力情况。

③当脚手架的前部基础沉陷或施工需要掏空时，应根据具体情况采取加固措施。

④当隐患危及架体稳定时，应立即停止使用，并制订针对性措施，限期加固处理。

⑤在支搭与拆除作业过程中要严格按规定和工作顺序进行。

冒顶事故也是矿山伤亡重大的事故之一。冒顶事故是井下矿山生产中发生的顶板冒落的事故，是对矿工人身安全威胁最大的灾害之一。据统计，在全国矿山每年因工死亡人数中，有40%是死于冒顶片帮事故，因此，加强对冒顶事故的预防具有十分重要的意义。防范冒顶事故的发生主要从以下方面入手。

（1）冒顶事故征兆识别

识别冒顶事故发生前的征兆，并采取相应的防范措施，是预防冒顶事故的重要方法。如果回采工作面冒顶前会有以下征兆。

①顶板连续发生断裂声，采空区内顶板发出闷雷声。

②顶板掉渣增多，裂缝增加，裂缝口变大。顶板下沉量明显增大。

③电钻打眼变得省力，这是因为冒顶前顶板压力增加，煤壁受压，片帮增多，煤壁被压疏，因而导致机械设备工作时负荷减小。

④工作面的木支架发生折断,可听到支架折断的声音。如底板岩性松软或分层开采支柱在煤层上,则支柱的下缩量增加。

⑤瓦斯涌出量或淋水量增加。

如果是局部冒顶,则可能会出现以下征兆:

①顶板岩石已有裂缝和缺口,其中小矸石稍受震动就掉落或有掉渣现象。

②支架受力大,发出声响,金属支架活柱下降。

③支架棚在支柱上错偏,棚梁上有声响,煤壁大片脱落片帮。

(2) 对回采工作面的冒顶事故应采取重点预防措施

①应根据顶板岩石性质及岩石移动规律,选择正确的支架形式。

②当矿层倾角不大,顶板破碎而且压力较大时,宜采用横板棚子。当煤层倾角较大时,宜采用顺板棚子。

③回采工作面必须平整,不得留有伞檐和松动煤块。

④工作面和支架以及溜子都要尽量保持直线,而且必须及时支架。

⑤在打眼、放炮、割煤、移溜子等作业中碰到损坏的支架必须及时修复,移溜子头时拆除支架的地点,必须及时加设临时点柱。

⑥支架要架设牢固,禁止在浮煤上架设。

(3) 井下常见不安全行为的表现和纠正方法

除了识别冒顶征兆和防范冒顶事故外,井下还有一些常见的不安全行为,也是需要我们认真纠正和杜绝的。

①行为表现:班中喝酒、穿化纤衣服和携带烟火物品下井、休息时坐在安全帽上,用矿灯往行人脸上照、自救器拎在手上、随便玩弄矿灯……井下作业需要高度集中注意力,班中喝酒,酒精刺激大脑神经,容易造成事故。发生瓦斯事故或者粉尘燃烧及火灾事故时,穿化纤衣物对人身有极大伤害。携带烟火物品入井容易引起火灾、瓦斯及粉尘爆炸。

纠正方法:加强安全行为教育,强化安全行为管理,层层把关,处处严抓,规范安全行为。

②行为表现:休息时坐在安全帽上,用矿灯往行人脸上照。这些行为容易使其他员工掉入水沟或撞帮。

纠正方法:在日常工作中要养成良好的行为习惯,使这些不良工作习惯远离生产。

③行为表现：在运输巷道行走时不注意标志和信号，被行驶中的车辆卷上，发生事故；走入盲区、危险区域，造成人员伤害事故。

纠正方法：在运输巷道行走一定要精神集中，多注意来往车辆，前后瞭望，行走时不能互相打闹。要走人行道一侧，不得走轨道中间，遇到来往车辆，等车辆过后再行走。

④行为表现：在井下，矿灯和自救器用手拎着。开风门时用脚踹，不随手关风门。

纠正方法：按照规定的穿戴规范和行为规范来行动。

⑤行为表现：在井下随意拆卸、敲打、撞击矿灯。这样做很有可能使矿灯损坏，出现失爆事故，引起瓦斯、煤尘燃烧或爆炸等重大事故。

纠正方法：非专业人员禁止修理矿灯。

⑥行为表现：在工作时没有敲帮问顶，在巷道顶板不稳定的地方休息。

纠正方法：井下必须严格执行敲帮问顶制度，不在巷道顶板不稳的地方休息。

⑦行为表现：在井下人车运行时，扒乘或抢上、抢下人车。后果是人员一旦摔倒可能被压伤，导致伤亡事故。

纠正方法：在井下人车运行时绝对不能抢上、抢下，等待人车停稳后方可顺序上下车。

⑧行为表现：在拉放矿车时，不躲进躲避硐。不及时躲进躲避硐，一旦绞车断绳或矿车掉道，易造成伤亡事故。

纠正方法：在拉车时要及时躲进躲避硐，做好自我防护。

⑨行为表现：在井下带电检修、带电作业、带电搬迁电气设备，极易造成触电事故。

纠正方法：严格执行停电检修制度。

⑩行为表现：打钢带或高空作业，处理高冒顶区搭跳不牢，无专人观察顶板。要是搭跳不牢固，一旦倒塌，钻机砸伤事故就不可避免。不观察顶板，一旦顶板有变化，离层冒顶也同样会造成人员伤亡事故。

纠正方法：搭跳必须牢固可靠，并设专人观察顶板变化情况，做好安全措施。

⑪行为表现：把钎工戴手套，把钎后站在风钻前方，打眼工不等把钎人躲开就加速；打眼时骑风钻腿。把钎工戴手套，一旦绞在钻杆上就会造成人身伤害。打眼工不等把钎人躲开就加速，一旦钎杆滑脱易扎伤把钎工；打眼工骑风钻，一旦断钎易扎伤自己。

纠正方法：必须严格按照安全操作规程作业。

⑫行为表现：员工在检修设备时不测周围瓦斯浓度。一旦瓦斯浓度超标，极有可能导致爆炸事故。

纠正方法：严格按照瓦斯检测的规范流程操作。

这些行为在很多员工看来，并没有什么危害或是重大违章，有的员工甚至还认为，我经常这样做不也没事吗？殊不知，一次违章并不一定会出事故，或许是侥幸，或许是运气，但如果次次违章，那就肯定会有一次出事故。不出事故一切都好，一出事故就一切成空，后悔、痛哭、希望重新来过……都没有任何用处。唯一有用的，就是从不安全行为的纠正开始，保证每一次行为都是安全的，自己才会一直是安全的。

9. 坚守特殊作业规范，严防中毒窒息和起重伤害事故

当人体在有窒息性气体的环境中时，窒息性气体导致人体呼吸系统终止呼吸而造成的伤亡事故就是中毒窒息事故。对于在有限空间作业、非煤矿山、地下管道及其他特殊作业的操作员工而言，中毒窒息事故是防范的重点。

某装饰有限公司的两名工人，在车站街为某会议中心清理下水道时，先后在3米深的污水沟里窒息死亡；某施工队员工在清理长城炼油厂的污水池时，在污水池内中毒窒息死亡。

某有色金属公司厂坝铅锌矿护矿队在巡查矿区时，3名员工进入一废弃硐矿查看，但久久没有升井。矿方在接到矿硐口留守监护人员的报告后，先后组织11人入硐搜寻营救。最终只有已经中毒的5人先后升井，后又有1人被救出，剩余5人不幸遇难。该事故共造成6名员工不同程度中毒，8名员工遇难。

可见中毒窒息事故后果也是相当严重的。预防中毒窒息事故应根据环境中可能存在的窒息性气体的种类采取相应的预防措施。

（1）预防一氧化碳中毒的措施

①冬天屋内生煤炉取暖必须使用烟囱，使"煤气"能够顺利排到室外。

②在产生一氧化碳的场所应经常测定空气中的一氧化碳浓度或设立一氧化碳警报器和红外线一氧化碳自动记录仪，监测一氧化碳浓度变化。

③进行煤气生产时应定期检修煤气发生炉和管道及煤气水封设备，防止一氧化碳泄漏。

④生产场所应加强自然通风，产生一氧化碳的生产过程要加强密闭通风；矿井放炮后必须通风20分钟以后，方可进入生产现场。

⑤进入一氧化碳浓度大的场所工作时，须戴防毒面具；操作后，应立即离开，并适当休息；作业时最好多人同时工作，便于发生意外时互救。

（2）预防氮氧化物中毒的措施

①酸洗设备及硝化反应锅应尽可能密闭和加强通风排毒。

②定期维修设备，防止毒气泄漏。

③加强个体防护，进入氮氧化物浓度较高的场所工作时应戴防毒面具。

（3）预防氯中毒的措施

①严守安全操作规程，防止跑、冒、滴、漏，保持管道负压。

②排放含氯废气前须经石灰净化处理。

③检修或现场抢救时必须戴防护面具。

（4）预防氢氰酸中毒的措施

①加强密闭通风。

②严格遵守安全操作规程。如氰化物的保管、使用和运输应有专人负责；建立严格的专用制度；用氰化物熏仓库时要防止门窗漏气，并经充分通风方可进入。

③加强个体防护。应配备防护服、手套、防毒口罩（活性炭滤料）或供氧式防毒面具；车间应配备洗手、更衣设备以及急救药品。

④操作工人在就业前应进行体检，上岗后还应定期体检。

(5) 预防硫化氢中毒的措施

①改进工艺，减少硫化物的用量。

②加强密闭、通风，经常测定车间硫化氢的浓度。

③排放硫化氢以前，应采取净化措施。

④加强个体防护。进入具有硫化氢中毒危险的场所时，应先对环境毒情进行检测，并采取通风置换，戴防毒面具等措施。进入井、坑作业，应带好和拴牢安全带，佩戴氧气呼吸器面具，使用信号联系，并有专人监护。

⑤在有硫化氢的生产中，要按工艺严细操作，防止失控。

⑥有神经、呼吸系统疾患，眼睛等器官有明显疾患者，不应从事硫化氢作业。

起重机属于特种高危设备，起重作业属于特殊作业，因其对技术要求较高、危险性较大，由起重机引发的伤害事故时有发生。起重机伤害事故一般有挤压、高处坠落、重物坠落、倒塌、折断、倾覆、触电、撞击等，造成伤害事故的原因有人为因素，也有因设备存在缺陷而造成的。所以，对于起重作业，一定要严守安全操作规范，消除马虎大意思想，认真仔细，才能避免事故的发生。作业时细心、踏实、严格执行安全规程。细心检查、用心排查、识别和纠正不安全的行为，事故是可以避免的。

防范起重机伤害事故，要做到以下几点。

①起重作业人员须经有资质的培训单位进行培训并考试合格，才能持证上岗。

②起重作业人员在操作前应检查起重机械的安全装置，如起重量限制器、行程限制器、过卷扬限制器、电气防护性接零装置、端部止挡、缓冲器、联锁装置、夹轨钳、信号装置等是否齐全可靠，否则不准进行操作。

③平时应严格检验和修理起重机机件，如钢丝绳、链条、吊钩、吊环

和滚筒等，发现报废的应立即更换。

④建立健全维护保养、定期检验、交接班制度和安全操作规程。

⑤起重机运行时，任何人不准上下；也不能在运行中检修；上下吊车要走专用梯子。

⑥起重机的悬臂能够伸到的区域不得站人；电磁起重机的工作范围内不得有人。

⑦吊运物品时，吊物不得从人头上过；吊物上不准站人；不能对吊挂着的东西进行加工。

⑧起吊的东西不能在空中长时间停留，特殊情况下应采取安全保护措施。

⑨起重机驾驶人员接班时，应对制动器、吊钩、钢丝绳和安全装置进行检查，发现性能不正常时，应在操作前将故障排除。

⑩开车前必须先打铃或报警，操作中接近人时，也应给予持续铃声或报警。按指挥信号操作，对紧急停车信号，不论任何人发出，都应立即执行。

⑪确认起重机上无人时，才能闭合主电源进行操作。

⑫工作中突然断电时，应将所有控制器手柄扳回零位；重新工作前，应检查起重机是否工作正常。

⑬在轨道上露天作业的起重机，当工作结束时，应将起重机锚定住；对于室外作业的高大起重机应安装风速仪，风速仪应安装在起重机上部迎风处。并且应安装显示瞬时风速的风速报警器，当风力大于工作状态的计算风速设定值时，应能发出报警信号；必要时停止工作，将起重机锚定住。

⑭当司机维护保养时，应切断主电源，并挂上标志牌或加锁。如有未消除的故障，应通知接班的司机。

事故是可以预防的，只要员工小心谨慎，不放过任何一个隐患，不进行违章操作，把安全时时放在心上，掌握事故预防的要点，一定可以把事故消灭在发生之前。

第八章
规范日常安全行为，自觉杜绝一切不安全行为

　　除了工作岗位上的不安全需要防范，日常生活中的不安全行为同样会给我们带来意想不到的危险，同样需要坚决抵制，全面防范。生活中要一切以安全为准绳，一切以安全为前提，自觉杜绝一切不安全的行为，保障安全。

员工不安全行为的自我识别与防范

1. 重视生活安全，防范意外伤害

生活中的意外伤害是指外来的、突发的、非本意的、非疾病的使身体受到伤害的客观事件。日常生活中的意外伤害隐患很多。如鸡蛋在微波炉中变炸弹；家庭中的金鱼缸使阳光聚焦到窗帘上导致着火；楼上扔烟头，楼下遭火灾；广告牌倒下伤路人；甚至玻璃幕墙碎裂掉下也会伤人性命……这些都是我们在生活中常见事故的镜头，而且谁也不敢保证这些镜头中的事件不会发生在自己身上。

毋庸讳言，在我们生存的环境里，无论是家庭生活还是公共娱乐，无论是工作还是生活，无论是在室内还是在户外，都存在着人为或自然的危险。虽然那些煤矿瓦斯爆炸、飞机坠毁等重大安全事故会给我们造成巨大的创伤和损失，但身边的小事故也让我们不得不防，因为它可能随时出现，严重威胁着人们的安全。

> 有一个年轻男孩戴着隐形眼镜去参加一个野外聚会。聚会是自助形式的，需要自己做烧烤。没想到刚开始烧烤，男孩就开始痛苦呼救，捂着眼睛在地上打滚。全场的人都吓呆了，没人知道究竟发生了什么事。大家赶紧送他到医院，医生检查后遗憾地说，男孩的眼睛失明了！罪魁祸首就是他的隐形眼镜，因为隐形眼镜是用塑胶制成的，过热的温度导致塑胶熔化烫伤了眼球，最终导致失明！

生活安全是个严肃的话题。从世界范围看，生产性意外事故由于政府管理和人们对技术工作的重视，其事故率在逐年下降，而非生产性意外伤害事故，特别是家庭及社会生活意外事故在逐年上升。就是因为大多数人忘记了日常安全防护，缺少日常安全意识。电线老化，电表超负荷运转，外出时忘了关掉家用电器，插座无接地线，打雷时使用家用电器等，都容易出事故。厨房里的煤气炉上煮东西时人走开了，汤易溢出或锅底烧干，容易出现煤气泄漏或火灾；高压锅使用不当，容易出现炸锅；外出的时候不遵守交通规则，容易出现交通事故；雷雨天不懂得防雷知识，容易出现雷击事故；吃了不洁的食物，会拉肚子……日常生活中的安全隐患很多，有时候意外忽然而至，让人防不胜防，但只要用心，把"安全"时刻放在心中，就可以有效地保障我们的生命和财产安全。

要避免意外伤害，最重要的是提高日常生活中的安全意识。我们每个人作为社会的个体，都应该有自我的安全意识和行为。例如，在加油站加油，切勿吸烟、点火，在公共场所注意观察安全出口，做好意外防范等。

在日常生活中切莫盲目逞能，不管遇到什么样的问题，自己能解决就解决，不能解决一定要学会求助，不可逞能。特别是遇到危险的问题时，更需要谨慎对待。例如，家里的电源开关连接、煤气罐泄漏起火等，自己不会解决的时候务必以逃生为第一要义。

很多意外伤害事故都是因为马虎大意导致的，造成集体伤害的事例比比皆是。例如由于一根烟头引起商铺起火，进而导致整栋楼起火，威胁人们的财产和生命安全。所以防范生活意外，提高安全防护意识第一重要。这就需要我们保持高度的防灾避险意识，时刻做好避险准备。平常在家里也应当准备一些应急物品，像应急食品、应急卫生用品、自救工具、求救工具、其他物品等几类应急物资。应急食品包括高能量、高营养的可以保存四年的军用食品，如单兵自热食品、军用能量棒、压缩食品（如压缩干粮）、军用罐头、军用巧克力，可以保存三年的小分子救生水。准备普通食物也可以，基本要求是可以补充能量。但普通食物需要注意保质期，记得随时更新替换。这些食品可以保证人们在灾害发生时，不至于挨饿，并且可以保持身体体能。

应急急救用品指灾难来临时受伤急救用品。如受到外伤骨折及出血的时候，可以及时固定骨折部位及止血包扎的卫生用品，像绷带、纱布、夹板、消炎药、止血带、杀菌止血促进创伤愈合的创可贴、具有广谱杀菌功能的消毒剂、抑菌和预防皮肤病的清洁包等医药用品。

> 员工不安全行为的自我识别与防范

自救工具包括逃生、救援的工具。火灾发生初期的小火是可以自己灭掉的，如环保型轻水灭火器、防火毯等产品就可以快速灭火。防烟逃生面罩可以帮助我们逃出火区。其他灾害发生时，保温毯可以使我们保持体温，关键时刻也可以当做雨衣使用。承重达几百公斤的发光蓄光逃生绳、防磨手套、可刨可挖的救生锹，都能帮助我们快速逃出危险场所。打火机及防风防水的火柴、蜡烛，关键时刻能给我们光亮和热量，也能给我们信心。

求救工具，就是指发出光和声音的应急物资，包括可以传出大约几百米远的3000赫兹口哨，含有报警及收音机功能的手电筒，都可以发出光量或声音，发出求救信息。

当然，最重要的还是做好各方面的防范，防火、防盗、防抢劫、防摔倒、防中毒，防一切意外。

2. 关注公共安全，公共场所提高自我警惕

所谓公共安全，顾名思义是指关系到广大群众生命健康和公私财产的安全问题。它关系到每个人、每个家庭、每个单位，更关系到一个城市和谐社会的构建。我们经常看到，有太多的偶然因素在公共场所酿成事故，不断有无辜的生命因此突然离去。

有人形容说，公共场所的安全隐患，就像一只翅膀巨大的饿鹰，盘旋在人群的上空，在某一刻突然俯冲，给许多单位和家庭投下了无法抹去的阴影。公共场所发生的火灾事故、恐袭事故、爆炸事故、突发急病事故、踩踏事故……数不胜数。

世界各个国家均发生过严重的踩踏事故。

1990年7月2日，麦加附近米纳的一处地下通道发生严重踩

第八章

规范日常安全行为，自觉杜绝一切不安全行为

踏事件，1426名朝觐者被踩丧生或窒息而死。

1994年5月23日，麦加圣地米纳举行的投石驱邪活动中有270名朝觐者被踩丧生。

1998年4月9日，至少118名朝觐者在米纳举行的驱邪活动中被踩丧生，180人受伤。

2001年5月，加纳警方发射催泪瓦斯驱散暴乱的足球迷时，在阿克拉主场馆引发踩踏事件，导致126人死亡。

2004年2月1日，朝觐者在麦加参加一个宗教活动时发生拥挤踩踏事件，至少造成251人被踩丧生，另有200多人被踩伤。

2005年1月25日，印度马哈拉施特拉邦一个宗教集会场所25日发生踩踏事件，造成的死亡人数超过300人。

2006年1月，麦加附近梅纳山谷的加马拉桥发生踩踏事故，362名穆斯林朝圣者死亡。

2008年9月，在印度西部焦特布尔钱姆达庙踩踏事件中，147人死亡，55人受伤。

2010年7月，在德国杜伊斯堡露天音乐节踩踏事件中，19人死亡，342人受伤。

2010年11月23日凌晨，柬埔寨在首都金边钻石桥的踩踏事故，遇难者347人，700多人受伤。

我国也发生过多起公共场所踩踏事故。

2004年2月5日晚，北京市密云县举办元宵节灯会时，因拥挤造成30多人死亡。

2014年9月26日下午2时30分左右，昆明明通小学发生踩踏事故，导致6人死亡，26人受伤。

2014年12月31日，上海外滩举办跨年夜活动，因当时在广场东南角通往黄浦江观景平台的人行通道阶梯处底部有人失衡跌倒，继而引发多人摔倒、叠压，致使拥挤踩踏事件发生，造成36人死亡，49人受伤。

每一起灾难都催人肠断，每一次事故都牵动人心。"人命关天"，那一串串冰冷的数据就是一个个鲜活的生命，我们无法漠然。在公共场所中，这些飞来横祸让人措手不及，同时也提醒着我们危险往往就在身边，意外伤害随时都存在。所以，在安全的问题上，来不得半点麻痹和侥幸，必须要防范在先、警惕在前，树立高度的安全意识，筑起思想与行为上的安全长城，做好公共场所的安全防护，提高安全警觉性，主动保护自己的安全。

我们在公共场合要多观察，多留意。进入封闭的公共场所如商场、电影院等，要注意观察安全出口，记住逃生通道；在车站、地铁站要站在安全的地方，远离站台边缘，以防意外；身边出现可疑人员要及时报警，不要与其接触或纠缠；要稳定情绪，不要冲动，有矛盾要及时报警，通过法律解决，切不可私自解决。如果出现火情、地震等紧急情况，要注意按照应急疏散指示、标志和图示，合理正确地疏散。发现他人不安全行为要敢于劝阻和制止。

防范踩踏事故，首先要尽量不往拥挤的人群中去。若身不由己陷入人群之中，一定要先稳住双脚，遭遇拥挤的人流时，一定不要采用体位前倾或者低重心的姿势，即便鞋子被踩掉，也不要贸然弯腰提鞋或系鞋带，保护自己不被绊倒。如有可能，抓住身边坚固牢靠的东西如路灯杆，待人群过去后，迅速而镇静地离开现场。已被裹挟至人群中时，要切记和大多数人的前进方向保持一致，不要试图超过别人，更不能逆行，要听从指挥人员口令。同时发扬团队精神，因为组织纪律性在灾难面前非常重要。尽可能走在人流的边缘。如果出现拥挤踩踏的现象，应及时联系外援，拨打110或120等寻求帮助。当发现自己前面有人突然摔倒时，要马上停下脚步，同时大声呼喊，告知后面的人不要向前靠近。若自己被推倒，要设法靠近墙壁。面向墙壁，身体蜷成球状，双手在颈后紧扣，以保护身体最脆弱的部位。

公共安全没有旁观者，谁也不能置之度外。自觉遵守各项社会安全规定，认真配合社会的各项安全制度，是我们每个公民应尽的义务。公共安全人人有责。公共安全不仅要依靠政府部门加强安保力量，还要求每个人都"多一个心眼"，关心一下身边的可疑人和可疑物，及时报告并且做好自我保护。

关注公共安全，维护公共安全，人人有责。从我做起，从身边的小事做起，政府、部门、百姓全都参与其中，才能最大限度地控制和降低突发公共安全事件带来的损失，让市民拥有安全的生活空间。

3. 遵守交通规则，不乱闯红灯

不遵守交通规则，也是日常生活中常见的不安全行为。比如一些人在穿越马路的时候为了少走几步路，翻越隔离栏；驾驶员不愿等待绿灯再次亮起，黄灯时快速通过。这些都是十分危险的行为，由此引发的安全事故不胜枚举。

交通安全与我们的关系是非常密切的，遵守交通规则是一个很重要的问题，我们不仅要把这句话挂在嘴边，还要落实到我们日常的实际生活当中。我们平时上下班、外出逛街、购物及出外旅行都与交通安全密切相关，一旦疏忽就有可能发生意外。给自己造成伤害，给家人带来遗憾。行走时的一次走神，过马路时的一次侥幸，开车时的一次违章，仅仅是一次小小的疏忽，就可能使一个生命转瞬即逝。如果我们不注意交通安全，很可能交通事故就会降临到我们身上。交通事故一旦发生，不仅会造成个人损失，而且还会使他人的身体受到伤害。任何人都要遵守交通规则，珍惜自己的生命，像那种"不管红灯绿灯，只管往前直冲"的坏习惯一定要纠正过来。恪守交通规则，不论是走路出行、骑自行车、驾车或是乘车，都要规范自己的行为。

日常生活中，遵守交通规则要注意以下几点。

（1）横穿马路要走人行横道，要遵守人行横道信号灯的规定

绿灯亮时，可以通过人行横道。绿灯闪烁时，不要进入人行横道，但已进入人行道的可以继续通行。红灯亮时，不准进入人行横道。切不可不顾禁令，乱闯红灯。

（2）养成看指挥信号的习惯

从路口经人行道过马路时，由于车辆来往频繁，我们要养成看指挥信号的习惯。红灯亮，禁止车辆通过时，行人可以横过马路，但仍需注意来往车辆，千万不要以为红灯时，交叉路口没有车辆驶过，就可以抢行穿越马路。

黄灯亮时，不准车辆、行人通过，但已超过停止线的车辆和已进入人行横道的行人，可以继续通行。绿灯亮时，准许车辆通行，不可横过马路。黄灯闪烁时，车辆、行人须在确保安全的条件下通行。

（3）遵守交通指挥棒信号

交通指挥棒是保证我们安全过马路的标志，所以一定要依照指挥棒的标识行路，以免发生交通事故，危及生命安全。

直行信号：右手持棒举臂向右平伸，然后向左曲臂放下，准许左右两方直行的车辆通行；各方右转弯的车辆在不妨碍被放行的车辆通行的情况下，可以通行。

左转弯信号：右手持棒举臂向前平伸，准许左方的车辆转弯和直行的车辆通行；右臂同时向右前方摆动时，准许车辆左转弯；各方右转弯的车辆和 T 形路口右边无横道的直行车辆，在不妨碍被放行的车辆通行的情况下，可以通行。但行人不可通行。

停止信号：右手持棒曲臂向上直伸，不准车辆通行，这时行人可通行。但已越过停止线的车辆，可以继续通行。

（4）过马路必须遵守的法则

行人须在人行道内行走；没有人行道的，须靠边行走。横过车行道须走人行横道。通过有交通信号控制的人行横道，须遵守信号的规定；通过没有交通信号控制的人行横道，须注意车辆，不要追逐、猛跑。没有人行横道，须直行通过；不准在车辆临近时突然横穿马路。有人行过街天桥或地道的，须走人行过街天桥或地道。不准穿越、倚坐车行道和铁路道口的护栏。不准在道路上扒车、追车、强行拦车或抛物击车。列队通过道路口时，每横列不准超过 2 人。列队横过车行道时，须从人行横道迅速通过；没有人行横道的，须直行通过；长列队伍在必要时，可以暂时中断通过。

在车辆多和易发生交通事故的路段，交通部门在马路中间设置了交通护栏。我们不能为图省事，怕绕路，跨越栏杆横过马路。那样做实在太危险，驾驶员反应再快，猛然发生的事情也会使他措手不及。

在道路上行走时，如有人从马路对面招呼你，不要贸然横穿马路，可以在路旁等候或经人行通道横过马路。走路要专心，不可以东张西望或看书看报。

乘坐交通工具，也要安全第一。乘坐汽车时，乘车前要事先了解乘车路线。

外出乘公交，事先备好零钱，以免在车上财物外露，上下公交车时，人多拥挤，若遇故意推挤和借机靠近之人，一定要注意防范，以免财物丢失。夜间乘车不要独自在荒凉处下车，以免给歹徒可乘之机。乘公交车时，应将皮包和贵重物品放在身前或自己视线范围内，以防歹徒趁乱扒窃。车上若遇陌生人搭讪，应避免谈论家中成员、经济、财务状况及生活作息等。外衣兜、后裤兜、背包、腰包、手提袋等，这些部位最好不要放钱或手机等贵重物品，以防扒手扒窃。不要找票贩子购长途车票和火车票。乘车时不要睡觉或接受陌生人的烟酒、饮料等，免得财物被盗。

如果是自己驾车，更应当严守交通规则，并做好行车安全防护。出发前，对所经过的地区的历史、风土人情等要有一定的了解。检查人与车的有效证件：身份证或护照、行驶本、驾驶本、养路费和税讫证，购置附加费和保险单据等。要对沿途的路况、饮食、住宿、加油站等所在位置心中有数。

检查车辆的机油、三滤、备胎、备用油桶、食品、饮用水；有条件的对车辆进行旅行前保养。出发前，需再次检查人与车的有效证件。必要的话还要事先记好途经路线上的村镇中的紧急电话，如医院、公安机关等。

带好修车工具，如千斤顶、拖车带、换胎扳手，带好急救药箱、应急灯、指南针、警示牌、汽车救援卡等。停车时车内不要存放贵重物品，离车时关好门窗，车辆尽量停放在有人值守的停车场地，路遇堵车、红灯时不要被陌生人吸引注意力而导致车内物品被窃。

如果乘船出行，要注意不乘坐无证的船只、超载的船只。上下船要按次序排队，不要拥挤、争抢，以免造成挤伤、落水等事故。如遇大风、大浪、浓雾等恶劣天气，应尽量避免乘船。不要在船头、甲板等地打闹、追逐，以防落水。不要拥挤在船的一侧，以防船体倾斜，发生事故。不要乱动船上的设备，以免影响正常航行。夜间乘船时，不要用手电筒向水面、岸边乱照，以免引起误会或使驾驶员产生错觉而发生危险。发生意外时，要保持镇静，听从有关人员指挥。

乘坐飞机的话，要遵守乘机安全规则，听从乘务员的指挥。上机前检查好身份证、机票、登机牌。登机后要学习救生常识，听从乘务员指挥，系好安全带，飞机上禁止使用手机、寻呼机、笔记本电脑。切不可随便动飞机上的任何设备，也不能乱丢东西。2017年6月就发生过一起事故，一位老太太为祈祷安全向飞机的发动机里扔了一把硬币，导致飞机延迟起飞。

总之，自己的安全自己管，提高警惕，时刻谨慎，遵守安全规则，做好自身防护，不仅仅是出行安全的关键，任何时候都是安全的不二法门。

4. 出门在外多留心，防范"盗、抢、骗"

老话说，"在家千般好，出门万事难"，这个难，不仅难在衣食住行各个方面，更难在出门在外会遇到各色各样的人。这其中不乏穷凶极恶或不怀好意、别有所图的人，"盗、抢、骗"的事件都有可能发生，因而出门在外，做好自我安全防护更加重要。

(1) 防范盗窃

俗话说："不怕贼偷，就怕贼惦记。"而出门在外的人，最容易被贼惦记，因而防范盗窃非常重要。出门在外一定要妥善保管好自己的贵重物品，保持警惕，避免造成重大财产损失。

防范盗窃行为有以下方法。

①在言谈举止和衣着打扮上，不要过分显富、露富；存取款时，留意身边是否有可疑人员，在取大额钱款时，最好两人以上同行；开车存取款

第八章 规范日常安全行为，自觉杜绝一切不安全行为

时，一旦发现汽车轮胎被扎等意外情况，应做到钱物不离身。

②在火车上，不要睡得太沉，最好几个同伴轮流休息。如身边带有小孩，不论何时何地，不要把小孩交给不认识的人看管。

③在公共汽车上不要将钱物放在容易被挤着的部位，如裤子后袋或侧袋等。由于西装在挤车时容易被拉扯，内装口袋也不甚安全，正确的方法是将钱物或皮夹放入内胸袋或皮包里；挤车时随时用手护住自己的前胸或挎包；乘车时不要麻痹大意或瞌睡，尤其是携带大量现金或重要证件时，以免给小偷留机会；如果身后有数人拼命挤着你，而车内其他地方并不这么挤，这时你要提高警惕，他们可能要下手了。你要挤开他们的包围，另择一处空点的地方。这也等于告诉他们，你已察觉出他们想干什么；如果有一个漂亮的异性，在你身体边莫名其妙地蹭来蹭去，你可千万别眩晕，以为自己艳福来也。他（她）可能正在试测你的反应，然后伺机下手。最好的方法是立刻躲开他（她）。

乘坐长途汽车时尽量不要携带大量现金。如需要，一定要两人以上同乘才能携带。两人轮流休息以照看贵重行李；钱物不要放在小挎包或其他行李里，更不能放在自己看不到的地方，以免被顺手牵羊。可将钱物放在内衣口袋等敏感处，使小偷无机可乘；不能跟邻座的乘客谈及自己的外出动向，尤其不能透露自己的钱物情况，以免他人产生歹意；夜晚瞌睡时不要睡得太沉。可采取不太舒服的姿态，使自己处于半睡不睡的状态。

火车上的流动性很强，因此在上厕所或就餐时，不能把钱物远离自己而另外搁置；如有数人围住自己，应提高警惕，不妨起来到另外一个地方活动一下。这也是告诉他们，你已经知道了他们的意图。

④务必看好自己的行李。不论是在站场内外或在旅途中，一定要照看好自己随身携带的行李、财物和孩子。返乡人员有贵重物品的，应寄放在车站、车上行李寄存处或寄存箱，现金最好通过电汇等方式寄回家，或将钱存在有异地存取款业务的银行里，身上只带存折（卡），及一部分足够旅途中使用的现金即可。

⑤在商场防拥挤。在柜台前，不能忙于观看商品而忘了保护自己的钱物，更不能在购物时随手将皮夹丢于柜台的一侧。钱物不能放于裤子口袋或侧袋，以防小偷乘拥挤时从后面下手。同样，手拎包也要放置在自己的

前方，并随时给予照顾；任何时候都要注意后面的动态，防止自己的挎包被小偷划破。

⑥不管走得怎样急和遇到什么情况，出门时都要把门锁好。别给小偷留下作案的机会。放置钱物的抽屉锁上，并随身携带钥匙；不要放置大量现金在办公室过夜；对可疑人物的进出要小心，并随时注意防范，必要时要询问。

(2) 防范抢劫

抢劫是恶性暴力事件中较常见的一种，通常抢劫还会伴随着歹徒的伤害，往往导致人财两失的惨剧。故而出门在外防抢劫十分重要。

出门在外，尽可能选择白天且人多的地方行进，行走时要边走边察看行走沿线的地形地貌，留意可疑人员，随时保持戒备心理。行走过程中特别要注意与可疑陌生人或障碍物保持必要的安全距离。

尽量不要孤身穿越僻静、人稀、地形复杂、照明条件不好、治安状况差的路段。确要穿越时，要前瞻后望，快速通过。

不要随身携带贵重物品，做到财不外露。携带贵重物品或进出银行等金融场所时，要注意观察周围有无异常情况，注意摆脱尾随跟踪、企图接近的可疑人员。

遇歹徒行凶抢劫时要做到临危不惧，机智勇敢，沉着应对并紧急呼救，尽可能发动周围群众共同对付犯罪分子。

遇歹徒行凶要及时采取正当防卫行为，并立即打110电话报警。或到就近的治安联防点、派出所报警。

骑自行车在正常行驶时，发现车子突然骑不动，这时首先要将车篓内物品抓牢，将包背在身上。因为常有犯罪分子往后车轮扔布条、钢丝等，等你下车查找原因时趁机抢包。

骑车时一定要把挎包背好。女士挎包不可单肩背，应斜挎在身上，以防割断包带被抢。

在乘坐公交车时尽量靠车里站立，保管好自己的物品，不要将随身物品或手机靠近窗口或门口。乘坐火车时，当火车停靠车站时应将窗口紧闭，并保管好自身物品。尽量乘坐正规的出租车，不要乘坐"黑车"。

抢劫出租车的歹徒侵害目标主要是营运过程中的小型和微型出租车。

作案时间一般选在天黑之后，尤其是深夜。抢劫汽车的歹徒对上、下车的地点选择有一定的局限性，火车站和市区出租车相对集中的饭店、宾馆，往往是他们选择的目标。

银行取钱后不管是谁或多或少总有一些现金，因此极易引起犯罪分子的注意，所以要特别注意防范。到银行取大额现款前，应对行动保密。取款时，最好让年轻力壮、行动敏捷、可信可靠的一位或者数位男性家人或朋友陪同。应当备用牢固的袋子装钱，取款后妥善保存。应尽量乘坐私家车或乘坐出租车去银行，最好不要骑自行车、电动车、摩托车或乘坐公交车。取款时做到速取速走，不要在银行门口清点钱款或暴露放钱款的具体位置，能贴身存放就贴身存放。取款过程中及走出银行后，随时注意观察周围是否有形迹可疑人员，并注意与陌生人保持距离。乘坐私家车离开银行时，要检查车辆有无异常，是否被放置可疑物品或被动过手脚。

驾车途中，如遇车辆故障、交通事故等意外情况，不要轻易下车。确实需要下车时，车上钱款应携带在身边。在路口停车等绿灯或在路边停靠等候时，应将所有车门锁死，有人敲车窗不轻易开锁。万一遭犯罪分子抢劫、抢夺、盗窃，要保持冷静，及时、尽快想办法报警求助。

遇到抢劫时，如果犯罪分子只有一人，可以用预先准备好的防卫物品，如发胶、钢笔等进行反击。可将发胶喷口对着匪徒的眼睛，平行移动并反复喷出液体，趁其躲避时逃跑；也可以用钢笔笔尖插向对方的要害部位，如眼、耳、喉、颈侧动脉、腋窝等处。也可以用鞋尖踢向对方的腹部和裆部；女性可以用高跟鞋的鞋跟踩对方的手、脚，或蹬对方的裆部。也可以用力量较大的那只手抓紧皮包带，猛击对方的头部、太阳穴、颈侧动脉。若力量足够大，可令对方昏迷。包内可放上砖、石等重物，以增强打击力。双手握住提包，还可阻挡匪徒的对攻。女性可迅速取下发卡、胸针，以其尖锐处对准对方的眼、耳、喉等处插去，趁其负痛时立即逃跑。

随身携带哨子、警报器，一遇危险立即使用，造成对方惊恐。哨子警告大于使用，防身器材如电击棒、警报器等应一遇情况就使用，如果等对方已近身才使用，可能会被夺走。高压放电火花有良好的震慑效果。

（3）防骗技巧

现在骗子猖獗，骗术千变万化，花样层出不穷，什么人都敢骗，什么手段都使得出，什么招数都想得到，如果不提高警惕，就会陷入他们挖好的陷阱，设好的圈套，使自己的财产受到损失。

但是一些基本的诈骗伎俩还是有迹可循的，如果掌握了防骗识骗常识，绝大多数诈骗犯罪都是可以预防和避免的。

①针对犯罪分子谎称帮忙直接转接到相关单位电话的伎俩，一定要明白：公安、银行和通信运营商系统的电话并非一个总机，相互间电话不能直接转接。说帮你转接的一定是骗子。接到亲人"出事"、返还购置税等电话时，应进行全面核实，不要轻信。

②"眼见非为实"，不要轻易相信来电显示的号码。骗子往往通过"任意显号"软件，掩盖其真实号码，并虚假显示国家机关电话号码，骗取市民信任。接到类似电话，不要轻信，有疑问可挂断电话再回拨确认（网关电话"任意显号"功能是单通电话，客户回拨所显号码将拨通所冒充的真实电话，当场询问即可发现问题），或挂96110转8咨询。

③警方在办理案件过程中，绝对不会以任何形式收取费用，更不会要求市民转账或开设网上银行进行资金操作，如在网络中遇到此种情况，千万不要去操作，可直接报警。

④不要轻易泄露个人信息。公安、检察、法院等国家机关工作人员，需要向公民询问情况时，会当面询问当事人，并制作相关笔录，绝对不会通过电话了解公民账户存款等隐私情况。如果涉及办案，必须当面出具工作证件及相关法律文书，当面进行询问。警方更不会通过电话方式做笔录，也不会在未出示相关身份证明的情况下，要求公民提供银行卡账号、密码、余额等隐私资料。

⑤目前任何公安、检察、法院等部门都未设立"国家安全账号"等名目的银行账号，所以凡是要求将你的存款转存至指定"安全账号""国家安全监理账户"以便"保全资金"的，都是诈骗行为。

⑥储户、银行卡客户特别注意以下几点。

千万不要泄漏自己的身份证信息、银行卡号、信用卡验证码、密码；千万不要轻信不明来电，受其诱导去银行为自己账户开通手机银行功能（与对方提供的手机号码捆绑）；千万不要轻信不明来电，受其诱导去银行将自己账户存款转存至新卡，再持新开户银行卡到ATM柜员机进行所谓

"修改密码"的操作（实质是操作转账）；任何人包括银行工作人员都无权询问客户的银行卡、账户密码；银行卡客户接收现汇或转账汇款，均不需要持卡到 ATM 柜员机进行所谓的"接收"操作，ATM 柜员机不存在此功能；注意个人账户与单位账户的区别。个人账户名称为人名，单位账户名为单位全称；绝大多数商业银行的固定客服电话号码长度只有5位数，而且9字当头，如遇相关问题要拨打对应银行固定客服电话查询。

⑦在外面遇到宣传可代理炒股、预测彩票中奖号码等网站，不要轻易根据其授意，通过汇款形式缴纳费用。

⑧对收到的中奖短信、赠送遗产邮件，不予理会；看到掉下的包裹不要理会。有人以平分失物为由纠缠时要及时报警，切莫贪小便宜。

⑨对有人以大钱换零钱或主动用零钱换整钱时，应多留神；对陌生人以熟人或同乡名义借钱的，应当予以拒绝；对有人以签合同验资为名，要求查看对方卡内现金并索要密码的，应当予以拒绝。

⑩万一被骗后，不要因面子而强咽苦果，要果断向公安机关报案，以便追回财物，将骗子绳之以法，避免更多的人受骗。

5. 警惕生活细节，玩手机也会出危险

"安全是相对的，不安全是绝对的"，特别是生活中，这句话更为恰当。因为生活处处有危险，但安全却是需要我们排除危险之后才会获得。因此，保安全必须警惕生活中的一些细节，从细节上重视安全。

例如我们天天都在使用的手机，看似安全，没什么危害，但也常常爆出手机夺命的新闻来，让我们不得不小心。

网上曾有很多手机夺命的新闻：《女孩在充电时使用手机触电身亡》，说的是石家庄的一位23岁的姑娘在出租屋内使用充电

员工不安全行为的自我识别与防范

的手机和男友聊天，突然没有音讯，男友不放心，赶到她租住的房子后发现，女孩心脏部位都烧焦了，手里还拿着正在充电的手机，人已经没有了呼吸。

许多人都有在充电时使用手机的习惯，即使一些手机维修人员也不例外。充电时使用手机真的会触电吗？事实上是有可能的。现在手机所用的基本都是锂电池，发生危险的概率是一亿分之一到一亿分之三。虽然发生意外的概率极小，但80%的事故都是发生在充电的时候。这是因为手机充电时电压高于待机时，如果同时进行其他操作如通话等，电压会超过平时很多倍，如此时使用劣质充电器或手机电子元器件老化受潮，就可能造成漏电。如果手机与插座内的交流电连接上，电流就会通过人体，一旦短时间通过人体的电流过大，就有可能导致死亡。

所以手机充电时应避免使用，并放在空旷的地方，避免引燃易燃物；已经满电的情况下，不可长时间继续充，有人会将手机充一夜电，这种情况尤其要避免。此外，手机电池及充电器要经常检查，不要使用老化的充电器、鼓包或有异味的电池。

一名18岁的高中生在雨中树下接电话时不幸被雷击中身亡。某位女孩走路时低头玩手机，不小心掉进了路边打开盖的窨井，不幸身亡。

某位小伙子进饭店与朋友聚会时低头玩手机太投入，竟然直接撞到了玻璃门上，导致头部受伤出血，小伙子没在意也没处置伤口，没想到伤口感染，最后竟然因此身故。

手机在开机的状态下，电磁波信号很强，是雷电极好的导体，电磁波在潮湿大气中会形成一个导电性磁场，能在大范围内吸引刚形成的闪电从而导致被雷击中。此时，雷电释放的强大电流通过手机几乎可以全部传输到人体上。雷电的高电压若传到人体上，轻则重伤，重则死亡。

还有因手机充电时温度过高引燃棉被发生火灾、手机电池爆炸等报道，看来手机也并非我们想象的那么安全。

手机就像是一部微型电脑，在它的世界里，无所不能。手机控无处不在，手机迷到处都是。但是任何事物都具有两面性，有利就有弊，在使用手机的同时，千万不要忽视手机带来的危险，要特别小心因电池爆炸、忽然自燃、温度超高带来的危险，更要注意因手机辐射、手机强光对身体和眼睛带来的伤害，学会防范、保护自己。

6. 严禁乱扔烟头，重视用火安全

说到安全，消防安全无疑是重中之重。特别是家庭生活中必须重视用火安全，时刻警惕消除事故。有时候哪怕就是一个小小的烟头，也有可能导致巨大的灾难。翻开全国重、特大火灾统计资料，有许多事故就是因为乱扔烟头引起的，引发的后果让人触目惊心。

2004年2月15日，吉林市中百商厦发生特大火灾，造成54人死亡，70多人受伤，直接经济损失400余万元。直接原因就是一位员工到仓库内放包装箱时将吸剩下的烟头掉落在地上，他随意踩了两脚，并未确认烟头是否被踩灭的情况下，就匆匆离开了仓库。

2009年3月2日，乌鲁木齐市国贸大厦发生火灾。火灾原因是大厦A座室内楼梯间前室窗户内向外乱扔的烟头，引燃了货梯机房顶部堆放的可燃杂物，火苗沿外墙装饰的铝塑板向上蔓延形成火灾。

血与火的教训表明，小小烟头，危害无穷！为什么吸烟容易引起火灾？主要原因是点燃后的香烟具有较高的温度。据测试，点燃后的香烟中心温度在700~800℃左右。一支香烟持续燃烧的时间约为15分钟左右，时间较长。常见的可燃物的自燃点都很低，而香烟点燃后的温度比起这些固体可燃物的燃点温度高出很多。因此，未熄灭的烟头足以引起固体可燃物和易燃液体、气体着火。

吸烟不仅危害自己的身体，也会对他人造成伤害。比如有些人吸烟会引起头晕，恶心，面色发黄等症状，严重者甚至站立不稳等。当然，由于历史的原因立即戒烟很难做到，不过一定要纠正不良的吸烟习惯，防止烟头引发火灾。注意吸烟安全，我们要从以下几点做起。

不要躺在床上或沙发上吸烟。一些人喜欢躺在床上或沙发上吸烟，特别是在喝醉了酒或过度疲劳的情况下，往往一支烟未吸完，人已入睡。或者昏昏沉沉、糊里糊涂，以致带火的烟头掉在被褥、蚊帐、衣服、沙发或地毯等可燃物上，引起火灾。

不要乱丢烟头和火柴梗、乱磕烟灰，更不要将点燃的烟头随处乱放，这些都是吸烟引起火灾的常见原因之一。如将烟头丢进废纸篓里，或丢在柴草堆旁、晒衣场上、干草丛中，甚至将烟头丢进化工生产区的窨井洞里，或丢在经常出现沼气的深井里、残留着易燃可燃油品的下水道里，都会引起这些地方的易燃可燃物燃烧，甚至发生爆炸伤人。

不要在维修汽车和清洗机件时吸烟。维修和清洗作业大多用油桶、油盘等开敞器皿盛放易燃或燃烧体，工人的手上、衣服上经常沾满了溶剂和油脂，如果养成了习惯，情不自禁去吸烟，则很容易起火，而且可能直接造成人员伤亡事故。严禁在一切易燃易爆单位、物资仓库和其他一切禁烟区内吸烟，禁止在维修汽车和清洗机械零件时吸烟。吸烟时应到安全地带，烟头未熄时不得带入工作场所。

在刮风的日子，不要在室外或野外吸烟。室外或野外吸烟都有可能引发火灾，特别是野外，烟头上的火星会顺风跑到干草上，引发火灾，而且火源也会顺势增大，导致悲剧上演。

除了不乱扔烟头，生活中只要用火时都要万分小心。

(1) 厨房用火要小心

如使用炉火、灯火不慎，城镇居民炉灶、火墙、火坑、烟囱等不符合防火要求，靠近可燃物或墙壁因年久失修、裂缝漏火，极易引起可燃物起火。城市居民在使用煤气、液化气后忘记关闭阀门，或私自将液化气倒罐而导致气体泄漏,此时如遇明火、开启电器的电火花或静电,就会爆炸起火。使用液化气时,不能用火烤、开水烫、蒸汽吹液化石油气瓶;不要将液化气罐放在暖气片旁烤,不要放在有炉火的房间内;用炉火取暖的房间,不能同时使用液化石油气。因为气瓶一旦漏气,就容易酿成火灾。烹饪时宜着短袖或合宜的长袖,避免烟火延烧衣物。烹煮食物时,勿任意离开,离开前须将烟火关闭。不要让小孩进入厨房玩耍。

(2) 用电要小心

要谨防电气设备安装不符合规格、绝缘不良的零件,谨防电气线路和电器老化或者超负荷,以免发生电线短路起火。不能在电灯泡上罩纸或其他可燃物。不能将未经冷却的电热器具放在有可燃物的场所,或将可燃物放在电热器具上,更不能乱接乱拉电线;使用家用电器时,在使用后切记关掉电源。电器长时间处于通电状态容易造成火灾;要注意电热器具的温控、时控装置或温度指示器是否失灵,避免温度过高起火;大功率电热器具不能使用横截面过小的导线或容量过小的开关、插头,以免发热或打火。

(3) 谨防烟花爆竹火灾

节日期间不要随处燃放烟花爆竹,应在指定地点燃放。鞭炮在爆炸时,外面的纸壳被炸得粉碎,带火的纸屑和焰火往往随风飘落,因此放鞭炮时要注意周围的环境。放鞭炮要远离棉花,木材,稻草垛等可燃物。在庭院内、屋顶平台上燃放烟花爆竹时,应将堆放的可燃物用不燃物质遮盖起来。烟花爆竹的残片上有阴燃火星时,要立即将其熄灭。五级以上大风天气千万不要燃放烟花爆竹,否则容易引起火灾。要将烟花爆竹放在没有热源、火源、电源和防止老鼠啃咬的地方,以免发生意外情况,造成损害。禁止携带烟花爆竹乘坐汽车、火车、船舶和飞机。还要教育儿童不要在室内或火炉内燃放鞭炮。节假日离家外出一定要关好门窗,防止烟花爆竹飞进屋内引起火灾。

(4) 重视夏天蚊香安全

点燃的蚊香要远离窗帘、蚊帐、床单、衣服等可燃物。点燃的蚊香如果放在窗台等较高的物体上,被大风吹动时就可能会跌落,落到可燃物上就会起火。

点蚊香时，一定要把蚊香固定在专用的铁架上，切忌把点燃的蚊香放在可燃物上。蚊香是用除虫菊等药用植物为原料，经过研磨、调配加工而成，具有很强的阴燃能力，点燃后虽然没有火焰，但能持续燃烧。蚊香燃烧时，其温度可达700℃左右。此温度大大超过木材、纸张以及棉、麻、化纤织物等可燃物的燃点。如果将点燃的蚊香放在上述可燃物上，就会引起燃烧。

在工作的地方，如果人员要离开，一定要把蚊香熄灭，以免留下后患。

7. 掌握自救方法，关键时刻可逃生

人的生命是脆弱的，有时候一个极其偶然的事件，就可以轻而易举地剥夺人的生命，更不要说巨大的自然灾难，它们完全是人类无法控制的外在力量。灾难可能会降临到每个人身上，不分贫富贵贱，性别年龄，如果缺少应有的警惕，不懂起码的安全常识，那么危险一旦降临，本可能逃离的厄运，都会发生。

北京时间2011年3月11日13时46分，日本东北部太平洋海域发生了9.0级强烈地震，地震引发的大规模海啸导致福岛第一核电站发生泄漏。在灾难发生后，大多数的日本民众镇定有序地进行了疏散。日本将9月1日定为全国防震日。这一天，全国各地都要统一进行防震教育和演习，包括最新地震动态和防震知识宣传，自救、互救、公救演习，以及如何包扎伤口、抢救伤员等知识性教育。儿童从上幼儿园起就开始接受防灾常识及应急避险训练，有关自然灾害的教育是中小学的必修课。平时，中小学生同样会进行防震训练。

灾害是可怕的，但比灾害更可怕的是无知。学习防灾减灾基本知识，提高逃生自救互救能力，我们完全可以像日本一样，能把灾害的损害降到最低。我们经常组织各种应急疏散演练，目的就是为了增强大家在面对灾害时的自救互救和安全逃生本领。只有认真自觉地提高自救逃生能力，才能时时刻刻保护自己。

当然，自救不是一句空话，它需要我们掌握科学的自救知识，拥有顽强的自救意志。只有具有自救的意识和知识，积极自救，才能在危急时刻化险为夷。下面是几种常见的基本自救逃生方法。

(1) 火灾中的自救逃生方法

一般情况下，绝大多数的火灾现场，被困人员可以安全地疏散或自救逃生，脱离险境。因此，必须培养自救意识，不惊慌失措，冷静观察，采取可行的措施进行疏散自救。

疏散时，如人员较多或能见度很差，应在熟悉疏散通道的人员带领下，迅速地撤离起火点。在带领人用绳子牵领、用喊话或前后扯着衣襟的情况下，可随疏散人员撤至室外或安全地点。

在撤离火场途中被浓烟围困时，烟雾一般是向上流动的，地面上的烟雾相对比较稀薄，因此，可采用低姿势行走或匍匐穿过浓烟区的方法。如果有条件，可用湿毛巾等捂住嘴、鼻，或用短呼吸法，用鼻子呼吸，以便安全撤出烟雾区。

楼房的下层着火时，楼上的人不要惊慌失措，应根据现场的不同情况采取正确的自救措施。如果楼梯间只是充满烟雾，可采取弯腰低头的姿势手扶栏杆迅速而下；如果楼梯已被烟火封住但未坍塌，还有可能冲得出去时，则可向头部、上身淋些水，用浸湿的棉被、毯子等物体围在身上从烟火中冲过去；如果楼梯已被烧断、通道被堵死，则可通过屋顶上的老虎窗、阳台、沿落水管等处逃生。或在固定的物体上（如窗框、水管等）拴绳子，然后手拉绳缓缓而下。如果上述措施行不通时，则应退居室内，关闭通往着火区的门窗，还可向门窗上浇水，延缓火势蔓延，并向窗外伸出衣物或抛出小物件引起楼外人员注意，设法求救。在火势猛烈、时间来不及的情况下，如被困在二楼要跳楼时，可先往楼外地面上抛掷一些棉被等物，以增加缓冲，然后手拉着窗台或阳台往下滑，这样既可使双脚先着地，又能缩小高度；如果被困在三楼以上，则绝不能跳楼，可转移到其他较安全地点，耐心等待救援。

(2) 水灾中的自救逃生方法

听从组织安排，进行防洪准备，或者撤退到安全地带，如防洪大坝上或地势较高的地区。如果已经受到洪水包围，要尽量利用船只、木排、门板、木床等做水上转移。

为了防止洪水涌入屋内，要堵住大门下面所有的缝隙，最好在门槛外侧放上沙袋。如果洪水还会上涨，那么底层窗槛也要堆上沙袋。如果洪水不断上涨，应在楼上储备一些食物、饮用水、保暖衣物以及烧开水的用具。如果水灾严重，水位不断上涨，就必须自制逃生工具，如床板、箱子及柜、门板等任何可以浮在水上的木质东西。如果一时找不到绳子，可以用床单、被单等撕开来代替。

在爬上木筏之前一定要试试木筏能否漂浮，所收集的食品、发信号用具（如哨子、手电筒、鲜艳的床单）、划桨等，这些是必不可少的。在逃生以前，要吃一些含较高热量的食品如巧克力、糖、甜点心等，并喝些热饮料以增强体质。

在离开之前，时间允许的话还要把煤气阀、电源开关等关掉，将贵重物品包好，收藏在楼上的柜子里。出门时最好把房门关好，以免家产随水漂走。

被水冲走或落水时，首先要保持镇定，尽量抓住水中漂流的木箱、衣柜等物。如果离岸较远，四周又没有其他人或船舶，不要盲目游走，以免体力耗尽。无论遇到何种情形的危险，都要设法发出求救信号，晃动衣服或树枝、大声呼救等。

洪水过后，要服用预防流行病的药物，做好卫生防疫工作，避免发生传染病。

(3) 交通事故中的逃生自救方法

已经发生车祸后要及时采取自救，以保证最佳的救护机会。发生交通事故后，应按照下面的程序自救：

马上报警。受伤时应第一时间拨打 120 救护中心。报警和报 120 救护中心时必须详细讲解清楚有关情况，如事故地点、伤员人数、受伤情况等。

采取紧急的自救措施。若被挤压、夹嵌在事故车辆内时，应尽量想办法脱身，脱不了时应等待救援人员到来，切忌强拖强拉；受到伤害时，就地或在附近休息，切忌随处移动身体，以免造成更大的伤害；事故发生后若出血应进行止血处理。应充分利用现场材料如衣服等进行包扎和压迫止血；若伤员有很多的呕吐物，应用手将其头偏向一侧，同时清除口腔内残留物；当伤员心跳、呼吸停止时，在医生未到之前可进行人工胸外按摩以及人工呼吸。

（4）地震灾难的自救逃生方法

避震要点：震时就近躲避，震后迅速撤离到安全地点，是应急避震较好的办法。避震应选择室内结实、能掩护身体的物体下（旁）、易于形成三角空间的地方，开间小、有支撑的地方，地处开阔、安全的地方。可躲在坚固的家具下；赶紧熄火，关闭火源；不要仓皇逃出室外；发生火灾立即扑灭。

如果徒步避难，尽量少携带东西；严禁在狭窄的地面、墙根、悬崖或河边停留；注意山崩和地裂；在海边要防海啸，在低洼地要防水淹；不要害怕余震，不要听信谣言；保持秩序，注意安全。

（5）毒气泄漏场所的逃生自救方法

遇到毒气泄漏时，应该立即报告相关部门。因为对于毒气泄漏的处理是具有特殊要求的，作为一般人员，我们也要了解一些毒气泄漏处理的常识。

若在毒气泄漏现场，应立即穿戴防护服装，并检查防毒面具是否有损坏，能否起到防护作用。如果没有穿着防护服装或佩戴防毒面具时（注：这种情况是不允许在有毒品危险的场所工作的），就应该尽快用衣服、帽子、口罩等，保护自己的眼、鼻、口腔，防止毒气摄入。

当毒气泄漏量很大，而又无法采取措施防止泄漏时，特别是在通风条件差、较密闭的场所，在场人员应迅速逃离毒气泄漏场所。

不要慌乱、拥挤，要听从指挥，特别是人员较多时，更不能慌乱，也不要大喊大叫，要镇静、沉着，有秩序地撤离。

撤离时要弄清楚毒气的流向，不可顺着毒气流动的风向走，而要逆向逃离。逃离泄漏区后，应立即到医院检查，必要时进行排毒治疗。当毒气泄漏发生时，若没有穿戴防护服，决不能进入事故现场救人，以避免扩大伤害范围。

　　每个人都在祈求平安。但"天有不测风云，人有旦夕祸福"。有时候尽管我们做了种种的努力来预防灾难的发生，但总还是有预想不到的情况发生。地震、火山、洪涝、泥石流等自然灾害不可避免地降临在我们的身边，突发事故防不胜防地与我们相遇。此时，我们是应该怪上天的不公、坐等着厄运的到来，还是应该相信人定胜天，努力逃离危险？我相信每个人面对危险，都不会平静地等着它带走我们的生命，这时候，就需要自救，自救是生命最后的屏障，有时候，放弃自救也就是放弃了生命。掌握一些必要的自救方法，在关键时候，能确保我们的安全或者让我们把伤害减少到最低。

8. 学点防身技巧，时刻保护自己

　　防身技巧也就是我们通常所说的防身术。防身术是一项运用踢、打、摔、拿等武术技击方法，以制服对方，保护自己为目的的专门技术。防身术中的奇妙招法，实质上是中华武术的精华"集锦"。它把武术中各种适合实践应用的招法分离出来，经过摘编、加工、提炼、创造、完善，使其成为一种散招，并具备简单、实用、易记、易学的特点。

　　防身术并不是纯粹的武术，而是在危机时刻对自身的一种保护。如果遇上坏人，一般情况下，对方是没有多少功夫底子的。也就是说，只是有力量，而没有技巧。那么你就可以趁他暴露缺点的时候，进行反攻。

　　防身术是以一些基本姿势、拳法、肘法、腿法及一些巧招为主，动作单一，要求做到"一狠""二全力""三准确"，战胜歹徒讲究"一招制敌"。

　　防身术主要攻击的是人体要害部位。人体要害部位是指人体遭受打击

第八章
规范日常安全行为，自觉杜绝一切不安全行为

或挤压时最容易造成昏迷、伤残、致死的部位。了解并学会攻击这些要害部位，再加上勇气和信心，就能给歹徒以有力打击，这是最积极的自我防卫。

①对方逮住了你的衣领，挥拳的时候。正常人挥拳，通常都是把手向后仰，划一个弧度打过来，那么这个时候，对方就暴露了他的弱点——下颚。下颚是人体脆弱部位之一，你挥拳击中，对方就会因痛楚放手。

②如果对方是直接用手的虎口掐住了你的脖子，那么有两种方法。第一种，你先倒地。为什么要倒地？以防他会把你直接提起来，所以，不管情况如何先倒地。手也是有弱点的，弱点就在于小拇指。小拇指是重点，用你的手，从掌心下面，扣住他的小拇指，往外压。他的手就使不上力气了。第二种，右手反掐对方手腕，左手成掌砸歹徒肘关节，砸中后抓住并下压，同时身体往歹徒方撞击，迫使歹徒行凶的手臂自然弯曲，这时，抓住歹徒手腕的右手自然是屈肘的，以肘代拳，砸其脸部，歹徒自然松手倒地。

③如果对方拿了武器，比如刀或者是棍棒之类，那么在他打下来的那一瞬间，双手抓住他的手腕，从外到里，向上用力掰，武器自然就会脱落在地。

④如遇抢劫、骚扰时不必慌张，先稳住歹徒，找机会反击，所谓的机会就是等歹徒精神松懈的瞬间，诱使歹徒略微低头，挥拳打击歹徒的鼻子，要用力，因为无论男女，鼻子都是最脆弱的部位，被击中后会导致五秒内视线模糊，思维混乱。成功后不要逃跑，用脚猛击其腿部，当歹徒行动不便时，方可逃跑并报警。

⑤遇到力量差异过大的情况，要先假意按照歹徒的要求去做。装作不小心将包包掉在脚下的地上，如对方去拿，那么提膝击脸，即用膝盖去撞歹徒的脸，只需一击，歹徒就会失去行动能力。如歹徒让你去捡，你要在身体下蹲时蓄力，那么待半蹲之时猛然出击，下勾拳击其下颌。

⑥遭正面搂抱时要用头抵住其下颌，让歹徒不能低头，双手抱其腰部，提膝攻击歹徒下体。待其弯腰时，双拳先后攻击其脸部，以鼻子为主。

⑦歹徒从背后持刀挟持时，通常情况下左手会紧紧抱住被挟持者，而

持刀的手会自由一些。那么趁刀离开身体的时候，被挟持者可双手用力抓住持刀的手，并向外推，同时大力用脚跟部位攻击歹徒的脚背。踩到后别管结果如何，提膝的同时抓住持刀的手往下压，用膝盖撞击持刀的手，目的是将刀子撞飞。如果撞飞则左手继续牵引住歹徒右手，并曲自己右肘，转身后砸，攻击歹徒的脸部，迫使歹徒松手，然后抢刀自卫。

无论社会多么和谐，坏人总是存在的。当我们遇到突发事故，发生人身危险时，我们的防身技巧就派上用场了。学会防身技巧，并不是为了去对付某人，而是在关键时候能够自保，让自己远离危险。

9. 消除常见细节的安全隐患

生活中，有很多的细节不留神就从无害变成隐患，往往很容易被我们忽视。了解这些细节导致事故的表现，采用正确的方法消除这些隐患，我们就能为自身的安全加一份保障。

①乘坐游乐设施时，把头发扎起来，长纱巾摘下来。纱巾和长发都可能被卷进车轮或游乐设施的缝隙中，造成窒息甚至被甩落。同理，穿长裙骑车、乘摩托、上电梯的时候，也要先把裙摆收拢。穿高跟鞋上电扶梯的时候，一定看清楚两只脚都踏在黄线内。

②要经常检查电插头，查看家中或办公桌底下是否有任何电线破损露出，以免在低头插插销或者脚踢到插座时不慎触电。

③开春时北方结冰的屋檐下，必须躲在两米以外。进入小区或高楼下，一定不可靠墙走。要时刻观察头顶是否安全，小心高空坠物。自己住楼上一定不要向下抛物。

④严禁给幼儿喂食花生、黄豆、瓜子及果冻等食物。不要随便买街头地摊上贩卖的草药、药酒。在外就餐，尤其是街边小吃店、大排档，要尽量选择靠近出口、面朝门口的座位。

⑤不要玩着手机进出电梯，一定先看看电梯门开后，轿厢是否升了上来。不要试图用手挡住要关闭的电梯，小心手被夹住。

⑥高速公路上发生事故，夜间道路发生事故，别在车旁边闲晃，别在车旁边扯皮拍照，别凑热闹。事故发生后，最好的办法就是打开事故报警灯（双闪）、放好警示牌后，马上离开高速公路，到护栏外面去。被追尾的时候千万不要急踩刹车，而应当把稳方向，松开油门，让车前行，这样既可以减少两车的撞击力，也可以避免被后面的大车压到身下。坐车也要系安全带。不仅仅是私家车要系，坐客车时也一定要系上。在路边开车门时，看清前后是否有来车或电动车。开车经过公交车时要减速，下公交车时尽量从车后方而不是前方过马路。骑摩托车一定要戴头盔。

⑦吃了头孢类的药就不要喝酒，因为这两者会发生反应，产生毒素，轻者恶心呕吐，脸红发烧，重者会危及生命。

⑧别趴窗子护栏往下看，因为上半身比较沉，掌握不好平衡，容易翻下去。

生活中的危险多种多样，需要我们警惕的方面也非常多，绝不只有上面这些。哲人说"魔鬼就藏在细节里"，安全的魔鬼同样也在细节里，越是小事越需要注意，越是细节越需要仔细。生活中一定要小处着眼，细处用心，时时防范，处处小心，保护自己的安全。